KB263808

삶이 흔들릴 때 니체를 쓴다

삶이 흔들릴 때 니체를 쓴다

삶이 흔들릴 때 니체를 쓴다

니체가 묻고 내가 답하는
100일 인생문답

Friedrich Wilhelm Nietzsche

이인 지음

서사원

차례

죽기 전에 니체를 만나자

인생은 고생이다. 일상은 순조롭지 않고, 인간관계는 꼬이기만 한다. 사람들 등쌀에 눈시울이 붉어지고, 세파에 치여 무릎이 후들거린다. 분노할 일이 수두룩하며, 나 자신에게 실망하는 일이 숱하다. 사는 게 왜 이런지 도대체 알 수가 없다.

변화가 간절하다. 그런데 스스로 나아지기가 쉽지 않다. 우리는 소중한 인생을 어처구니없이 날려버린다. 금쪽같은 하루를 흐지부지 날려버린 날에는 따끔하게 혼내주는 스승이 필요하다. 목표가 흐려지고 의지가 흐트러질 때면 자신의 길을 뚜벅뚜벅 걸어가는 선배와 연락하고 싶다. 들이닥친 시련에 마음이 휘청거리는 순간에는 버팀목 같은 친구가 그립다. 헛헛하고 지루하면 밝은 기운을 내뿜는 애인이 보고 싶어진다.

이런 우리를 위해 철학자 니체가 등장한다. 니체와 접촉하면 벼락에 맞은 듯한 강렬한 충격과 신선한 전율을 느끼게 된다. 니체를 알고 나면 인생이 크게 달라지는데, 바로 이것이 우리가 죽기 전에 니체를 만나야 하는 까닭이다.

그는 보약 같은 쓴소리를 하는 동시에 가슴이 웅장해지도록 격려한다. 니체의 단단한 문장을 읽으면 고된 세상살이에 굴하지 않는 힘이 솟아오르고, 그의 문장을 천천히 음미할수록 니체의 강인한 정신이 스민다. 심장에서 니체가 살아 숨쉬어 내 하루하루를 후끈후끈하게 달군다.

니체의 대표작 『차라투스트라는 이렇게 말했다』를 보면, 산에서 10년간 수양한 차라투스트라가 세속으로 내려온다. 깨달음을 얻었으면 산에서 계속 지내도 좋으련만 굳이 사람들에게로 간다. 사람을 사랑하기 때문이다. 사랑으로 뜨거운 그는 홧홧한 이야기를 쏟아낸다.

이따금 앙칼지고 쌀쌀맞을 때가 있으나 니체의 밑바탕에는 한결같은 사랑이 흐른다. 니체의 사랑은 특별하다. 그는 이글거리는 눈빛으로 뚫어질 듯 쳐다보면서 불호령을 내린다. 진정한 사랑이란 더 나은 사람이 되도록 기운을 불어넣는 일이기에 그렇다.

당신은 있는 그대로 소중하다는 말이 회자된다. 그런데 아무것도 하지 않으면서 사랑받길 바라는 건 어리석다. 당신이 있는 그대로 소중하다는 말은 그냥 되는 대로 살아도 좋다는 뜻이 결코 아니다. 당신이 미처 알지 못하는 당신의 진실을 자각하라는 응원이자 과거의 허물에서 벗어나 진정한 당신이 되도록 돕겠다는 지지다.

우리는 꼬맹이가 아니다. 이제는 마음의 알맹이가 여물어야 한다. 태어난 것만으로 관심과 보호를 받던 시절은 진작에 지나갔다. 세상살이는 호락호락하지 않다. 응석을 부릴 때가 아니다. 잘 살려면 달라져야 한다. 내 안에 뿌려져 있는 수천 개의 씨앗을 꽃피위야 한다. 인생의 실패와 성공을 가르는 관건은 내면에 잠잠히 잠들어 있는 잠재성을 깨웠는지 아닌지 여부이다.

삶을 바꾸고 싶다고 물으면 다들 고개를 끄덕이지만 살던 대로 산다. 웬만해서는 삶이 끄덕하지 않는다. 완강하게 굳어가는 자신과 부딪쳐서 변화를 끌어내기가 쉽지 않다. 난처한 우리를 돕고자 니체가 손을 내민다. 우리는 그의 손을 맞잡아야 한다. 나이를 먹어갈수록 생겨나는 뻣뻣함과 뻔뻔함을 깨부수는 데 니체만 한 적임자도 없다. 스스로를 '폭약'이라 부른 그는, 우리의 굳어버린 마음을 폭발시키며 다시 움직이게 만든다.

책장을 넘길 때마다 니체의 문장이 눈부시게 작열한다. 그의 글을 읽으며 되새길수록 섬광과 함께 환희가 터져 나올 것이다. 니체로부터 피어난 사유질문에 천천히 답하다 보면 식어가던 마음속 용광로가 재가동될 것이다. 과거와 작별하면서 건강해지는 기분이 들 것이다.

정신을 흔들어 깨우는 니체의 문장 100개를 살뜰히 골랐다. 100년 전의 글이 생생하게 전해질 수 있도록 살갑게 매만졌다. 니체가 스승처럼 선배처럼 친구처럼 애인처럼 느껴지도록 살포시 다듬었다. 이 책을 폭약처럼 사용해 일생일대의 기회를 살리길 바란다.

Friedrich Wilhelm Nietzsche

니체가 묻고 내가 답하는 100일 인생문답

01-20

1장

혼돈

우리의 삶이 왜 힘겨울까?
그건 우리가 새로운 길을 찾는 사람이라서가 아닌가?
혼돈은 그저 어지러움이 아니라
새로운 길을 열어낼 때 반드시 거쳐야 하는 과정이다.

그들은 조급해하면서 오로지 자신만을 생각한다. 이 정도로 자기 욕심에만 골똘했던 인간은 여태까지 없었다.

니체는 현대인들이 좀생이처럼 되어간다고 한탄했다. 우리는 눈앞의 성공에 홀린 채 인생의 큰 그림을 헤아리지 못한다. 거창한 포부가 있지도 않다. 당장 부자가 되고 싶어 안절부절못하다가 작은 성과만 있어도 거드름을 피운다. 이런 현대인을 천박하다고 니체는 질색했다.

여태껏 인류는 욕심을 품었고, 욕심을 실현하고자 노력해왔다. 그래도 오늘날처럼 자기 욕심에만 안달하지는 않았다. 니체의 진단에 따르면, 인류사를 통틀어서 현대인의 욕심이 가장 지독하다. 오직 자신의 득실에만 관심을 둘 뿐, 다른 건 안중에 없는 이들이 쌔고 쌨다. 이기주의를 당연하게 여기다 못해 멋지다고 여기는 흐름마저 있다.

니체는 이런 얄팍한 이기주의에 맞서 위대한 이기주의자가 되라고 권유한다. 자기 이기심에 취한 머저리로 살 게 아니라 자기 인생을 예술 작품처럼 만들기 위해 모험하듯 살라는 얘기이다.

한심한 이기주의자들은 좀스럽고 쩨쩨하다. 반면에 위대한 이기주의자는 자기가 진정으로 원하는 삶을 살고자 온 힘을 쏟는다. 타인들도 각자의 삶에서 원대한 도전을 할 수 있도록 돕는다. 세상에서 존경받는 사람들은 하나같이 알량한 이기주의에서 탈피해 위대한 이기주의자로 변신한 사람들이다.

우리는 자신을 위한답시고 이기적으로 구는데, 이기심에 갇히면 사람이 초라해진다. 진정으로 자신을 위한다면 이기심이라는 늪에서 빠져나와야 한다. 옹졸한 이기심으로 해방되는 일만큼 가슴이 웅대해지는 일도 없다.

지금의 나는 이기심에 사로잡혀서 자잘한 이익에만 너무 집착하는 건 아닐까?

이기심이 나를 망치고 있는 부분이 있다면 무엇일까?

사람들은 그저 오늘만을 바라보면서 순간순간 휘청인다. 세상의 자극에 곧장 휘감기고, 재빠르게 휘말린다. 무책임하게 휘둘리는 인생인데, 이런 꼴을 자유라고 착각한다.

사람마다 생김새가 다르고, 사는 형편은 제각각이다. 이처럼 다르더라도 모두에게 동등한 게 있다. 똑같은 시간이 주어진다는 사실이다. 키가 크다고 해서 하루가 더 길지 않고 재산이 적다고 해서 하루가 짧아지지도 않는다. 우리 모두는 평등하게 귀한 삶을 얻었다. 그런데 애처롭게도 시간의 소중함을 모르는 이들이 널렸다. 찌뿌듯한 얼굴로 아침을 맞고는 뿌듯함이라는 전혀 없이 무언가에 홀린 채 시간을 흘려보낸다. 시간을 죽이는 일만큼 섬뜩한 일도 없건만, 우리의 삶을 돌아보면 죽어간 시간의 비명과 신음으로 요란하다.

세상엔 갖가지 함정이 난무하고, 세상의 야릇한 손짓을 가뿐히 웃어넘길 만큼 우리는 슬기롭지 못하다. 자신이 보고 싶은 것만 찾아서 보고, 자신이 믿고 싶은 것만 골라 믿는다. 흔들리고, 흥분하고, 열광하고, 소비하고, 조롱하고, 욕한다. 이건 자유가 아니다. 자폭이다.

세상은 유혹하면서 우리를 끈질기게 주저앉힌다. 그 정도면 충분하다면서 앞으로 뻗는 발걸음을 붙잡는다. 견고한 다짐이 없다면 초라하게 늙는다. 초롱초롱했던 눈빛이 흐리멍덩해진다.

때때로 쾌락을 누리는 일도 중요하나 자신의 목적을 잊지 말아야 한다. 저 너머를 볼 줄 아는 사람은 눈앞의 유혹에 홀라당 넘어가지 않는다. 자신을 조직하고 육성하는 일이 가장 중요하다는 사실을 언제나 염두에 둔다. 회유를 물리치고 더 높은 곳으로 정진한 사람만이 값진 보상을 받는다. 우리는 세상의 자극에 대뜸 반응하기보다는 숨을 고르면서 유예하고, 시간을 살려서 알차게 일구는 사람이 되어야 한다.

오늘 하루를 돌아봤을 때, 헛되이 흘려보낸 시간은 언제였을까?

나를 가장 자주 흔드는 유혹은 무엇일까?

멀리 내다보면, 모든 습관은 특정한 종류의 인간을 길러낸다. 예컨대 아침이면 기사를 찾아 읽는 일이나 점심 먹고 커피 한 잔 마시기 같은 습관 모두가 꾸준히 영향을 미친다. 그러니까 가장 사소한 일을 살피고, 자신이 어떻게 하루를 보내는지 지켜보라.

인생은 소소한 습관으로 빚어진다. 목적지에 얼른 당도하고 싶은 마음이 굴뚝같더라도 단숨에 도착할 수 없다. 하루하루가 차곡차곡 쌓여야만 자신의 야망이 실현된다. 우리는 어떤 사람이 되고 싶은지 커다란 포부를 품는 동시에, 일상의 순간들을 세심하게 관찰할 줄 알아야 한다. 이 작디작은 시간이 결국 삶이니까 말이다.

우리의 생활을 돌아보면 많은 것들이 무의식 중에 이뤄진다. 눈뜨자마자 화장실에 가고, 서둘러 집을 나서며, 연예인이 홍보하는 맛집을 검색하고, 단골 식당으로 발걸음을 옮기며, 자주 연락하던 사람들과 시답잖은 얘기를 틈틈이 나눈다. 우리의 오늘은 어제의 판박이다. 뻔한 얘기를 뻔뻔하게 늘어놓고 틀에 박힌 행동을 틀림없이 반복한다.

습관화된 일상은 나름 편안한 동시에 소름 끼치는 면이 있다. 습관은 변화를 가로막고, 우리를 관성대로 살게 만든다.

어제를 복사해서 오늘에 붙여넣는 우리에게 니체는 경고를 보낸다. '당신은 어떤 사람이 되어가고 있는지 알고 있느냐'면서 주의를 환기한다. 자신의 목적에 부합하는 모습으로 변해가기는커녕 어쩌면 변질되는 중인지 모른다. 하루에 휴대전화를 얼마나 손에 쥐고 무엇을 보는지, 쉬는 시간에는 뭘 하고, 평소 무슨 음식을 먹는지 냉철하게 돌아볼 일이다.

습관이란 삶의 설계도이다. 습관을 통해 우리의 일상이 건축된다. 잘못된 습관이 있다면 삶에 문제가 생길 수밖에 없다.

멀리 내다보면, 모든 습관은 특정한 종류의 인간을 길러낸다. 예컨대 아침이면 기사를 찾아 읽는 일이나 점심 먹고 커피 한 잔 마시기 같은 습관 모두가 꾸준히 영향을 미친다. 그러니까 가장 사소한 일을 살피고, 자신이 어떻게 하루를 보내는지 지켜보라.

나는 지금 어떤 습관들로 내 삶을 만들어가고 있을까?

내 일상에서 바로잡고 싶은 습관은 무엇일까?

왜 자신의 생활이 재앙처럼 망가지는가? 가장 사소한 일과 가장 일상적인 것에 소홀하기 때문이다. 무엇이 바람직하고 새로운지 분간하는 날카로운 안목이 필요하다.

삶이란 고래를 찾아 떠나는 모험이다. 우리는 인생이라는 배에 돛을 펼치고 미지의 세계를 향해 나선다. 그런데 고래를 찾기 전에 문제가 생긴다. 수많은 배가 암초에 부딪히거나 물이 새거나 돛이 부러지면서 난파한다. 바다 밑에 침몰한 배들이 무더기로 쌓여있다.

재앙은 충분히 막을 수 있었다. 순항하고 있을 때 배를 빈틈없이 보수했으면 멋지게 진보했을 것이다. 그렇지만 좌초한 배들의 선장은 느슨했다. 밧줄이 삭지는 않았는지 꼼꼼하게 살피지 않았고, 배를 구석구석 청소하지 않았다. 문제가 생겨도 대수롭지 않게 여겼다. 미미한 일들이 방치되면서 불미스러운 사태로 커졌고, 대처가 치밀하기는커녕 허술하게 굼떴다. 속절없이 배는 물속으로 가라앉았다.

인생을 돌이켜 보면 안타까운 순간이 떠오르게 마련이다. 예컨대, 치과에 가서 입을 쩍 벌린 채 자신을 내맡긴 사람은 평소에 양치질을 꼬박꼬박 잘했으면 이렇게까지 되지 않았을 거라고 후회한다. 기회가 주어졌을 때 최선을 다했더라면 삶이 달라졌을 것이다. 지켜야 할 걸 지키지 않고, 사소한 일이라고 건성으로 대하면서 불상사가 생긴다. 소홀함이 재앙을 소환한다.

니체는 무엇이 바람직하고 새로운지 분간하는 날카로운 안목을 강조한다. 남들이 좋다고 하는 게 좋은 거라고 따르면 점점 자기만의 줏대가 없어진다. 귀찮아하면서 질끈 눈을 감으면 우리의 마음이 질식한다. 말똥말똥한 눈빛으로 삶을 주시하고 세상을 면밀하게 살피면서 무엇이 좋고 무엇이 그른지 읽어내는 안목을 키워야 한다. 안목은 삶을 받쳐주는 든든한 대들보이다. 눈이 게슴츠레해지면 어김없이 문제가 터진다.

왜 자신의 생활이 재앙처럼 망가지는가? 가장 사소한 일
과 가장 일상적인 것에 소홀하기 때문이다. 무엇이 바람직
하고 새로운지 분간하는 날카로운 안목이 필요하다.

내 삶의 돛을 무너뜨린 '작은 방심'은 무엇이었을까?

나는 무엇이 바람직하고 새로운 것인지 알아보는 안목이 있을까?

동물이 맹목의 충동 속에서 찾는 것을 인간은 좀 더 의식해서 원할 뿐이다. 일생 대부분이 그렇게 지나간다. 대체로 우리는 동물성에 갇힌다.

인간은 동물이다. 맛있는 걸 좋아하고, 매력 있는 이성에게 끌리고, 무서우면 꽁무니를 내빼고, 졸리면 잔다. 여느 동물과 그리 다를 게 없다. 니체의 말마따나 동물이 맹목의 충동 속에서 살아간다면 사람은 자신의 욕망을 조금 더 의식할 뿐이다.

우리의 욕망은 생존과 번식에 맞춰져 있다. 생존과 번식을 위해 몰입하는 삶도 나쁘지는 않다. 배불리 먹고, 안락한 데서 자며, 예쁜 옷을 입고, 좋은 짝을 만나 오순도순 사는 걸 마다할 이유가 없다. 우리도 동물이므로 어느 정도는 동물성을 충족시켜야 한다.

그런데 쾌락과 안정에만 시선을 고정한다면 동물성에 갇힌다고 니체는 우려한다. 사람은 동물이지만 동물과 똑같지는 않다. 만족스러운 일상이어도 마음 한편에는 여러 의문이 쌓인다. 도대체 나는 왜 태어났고 어떻게 사는 게 맞는지 평생 궁금해한다. 사람은 동물이 묻지 않는 질문의 답을 찾고자 고민하며 공부한다.

사람으로 사는 일은 힘겹다. 내 몸 하나 건사하기도 버거울 때면 개가 부러워진다. 오죽하면 '개 팔자가 상팔자'라는 속담이 있을 정도이다. 그렇지만 이건 삶에 지친 나머지 내뱉는 빈말에 불과하다. 개가 되어서 목줄을 차고 멍멍 짖고 싶은 사람은 없다. 사람으로 사는 게 고역이더라도 사람에게는 고귀한 가능성이 있다. 그 가능성을 꽃피우고자 우리는 사람으로 사는 것이다.

사람이 사람다워지려면 여느 동물이 궁금해하지 않는 삶의 본질을 파고들어야 한다. 삶의 본질을 캐묻지 않으면 한 마리 동물이 되어 인성을 마음속 깊은 동굴에 파묻게 된다.

동물이 맹목의 충동 속에서 찾는 것을 인간은 좀 더 의식
해서 원할 뿐이다. 일생 대부분이 그렇게 지나간다. 대체
로 우리는 동물성에 갇힌다.

나는 요즘 동물적인 욕망에만 매달리며 살고 있지 않을까?

언제 마지막으로 내 인생의 방향에 대해 진지하게 생각해봤을까?

가장 참을 수 없는 일이자 지극히 두려운 일이란 무엇인가? 바로 매 순간 즉흥으로 반응하는 삶이다. 아무런 계획이나 규칙 없이 살아가는 일이다.

재즈는 많은 이들이 즐기는 대중음악이다. 미국의 흑인 음악에 여러 요소가 가미되어 독특한 박자와 가락이 담긴다. 재즈 연주자는 현장에서 자신의 감정을 표출한다. 따라서 관객들이 듣는 음악은 다시 듣기 어렵다. 오늘이 어제와 다르듯 내일은 오늘과 같을 수 없기에 그렇다. 재즈는 언제나 딱 한 번뿐이다.

재즈는 사람을 매혹한다. 처음 접한 사람들도 재즈의 선율에 금세 녹아든다. 그런데 누군가는 재즈가 정통 음악에 견줘서 쉽다고 여긴다. 제멋대로 노래하고 자유분방하게 연주하는 것처럼 비치니 말이다. 대충 흥을 발산하면 재즈가 되는 줄 착각하는 것이다. 자기 안의 감정을 자유롭게 표현하기까지 땀 흘린 시간이 방대하다는 사실을 청중은 잘 모른다. 묵직한 세월을 묵묵히 묵힌' 뒤에야 마음을 파고들 수 있다. 피나는 훈련으로 일정한 수준에 도달한 사람만이 타인의 심금을 울린다.

재즈와 인생은 비슷하다. 우리에게 찾아오는 순간순간은 단 한 번 주어진다. 매 순간은 고유하다. 재즈가 틀에 갇히지 않듯 인생도 자유롭다. 악기를 자유자재로 다루기까지 각고의 노력이 필요하듯 삶을 거뜬히 다루기 위해서라도 수행하고 단련해야 한다. 재즈 연주하듯 신명 나게 삶을 노래하려면 오랜 시간 연습해야 한다.

별생각 없이 살아가는 사람들이 있다. 그들은 자신을 자유롭다고 착각하지만, 계획이 없고 나아가야 할 방향도 없는 상태는 경박한 방황에 불과하다. 자신만의 규칙대로 시간을 알뜰히 쓸 줄 아는 사람만이 진정으로 자유롭다. 우리는 계획을 차근차근 실행하고, 여러 시행착오를 거치면서 삶의 연륜을 익혀야 한다.

정신의 질서가 세워진 뒤에 묻어나는 부드러움이 그 사람의 멋이다.

가장 참을 수 없는 일이자 지극히 두려운 일이란 무엇인가? 바로 매 순간 즉흥으로 반응하는 삶이다. 아무런 계획이나 규칙 없이 살아가는 일이다.

내 삶을 굳건하게 지탱해주는 나만의 규칙이나 질서가 있을까?

아무런 계획 없이 살았던 시절, 나는 정말 자유로웠을까?

다음의 사실을 의심하지 말라. 언제 어디서든 그대의 행동은 스스로 행하는 것이 아니라 행해진다. 인간은 줄곧 능동과 수동을 혼동했다.

오늘도 하루가 흐지부지 흘러간다. 지하철을 타면 휴대폰만 들여다보고, 연예인들의 시시콜콜한 소식에 귀가 쫑긋해진다. 습관처럼 배달 음식을 시켜 먹고, 주말이면 번화가를 서성인다. 앞으로도 이럴 가능성이 농후하다. 일상을 바꾸기가 쉽지 않다.

오랜만에 책을 읽으려고 해도 자꾸만 딴생각이 난다. 잠깐 쉬겠다는 명분으로 보잘것없는 영상들을 하염없이 구경하고, 여러 게시판을 돌아다니면서 쓸데없는 댓글들을 읽는다. 도둑이 담 넘듯 몇 시간이 넘어간다. 책은 며칠째 몇 쪽을 넘어가지 못한다.

우리는 자기 삶의 주인이라고 말하지만, 이건 허풍에 지나지 않는다. 삶의 주인이라면 자기 뜻대로 자신을 관리해서 거침없이 목표를 향해 나아가야 할 텐데, 그러지 못한다. 우리는 목표한 대로 살지 않고 그저 살아갈 뿐이다. 삶을 이끄는 게 아니라 삶에 끌려가는 중이다. 세상이 파놓은 홈 따라 물살에 떠내려가듯 살아진다.

우리가 자기 자신을 주관하지 못한다고 니체가 질책하는 까닭이다. 입에서 나오는 대로 그냥 말해버렸고, 충동대로 행동했다. 가라고 하니까 학교에 갔고, 왜 공부해야 하는지 모른 채 시험을 치렀으며, 돈이 필요하니까 직장을 구했고, 외로워서 누군가를 만났다. 스스로 도모한 건 별로 없다. 그렇지만 자신이 자유롭다고 착각하는 이들이 허다하다. 어쩔 수 없이 해놓고는 마치 자기가 원해서 한 것처럼 말이다.

삶이 나아지기를 바라면 자신의 수동성을 뜯어고쳐야 한다. 인생의 주인공은 몸을 사리지 않고 적극적으로 살아가니까.

지금까지 허비한 시간들을 제대로 투자했다면 내 삶은 어떻게 달라졌을까?

나는 지금 내 행동들을 정말 스스로 결정하고 있는 걸까?

사람이 제대로 살려면 과거를 파괴하거나 해체할 힘을 가져야만 하고 실제로 그렇게 할 수 있어야 한다. 과거를 법정에 세운 뒤 매섭게 심문하고 마침내 유죄를 선고해야 한다.

우리는 툭하면 한눈을 팔고, 얼렁뚱땅 하루를 보낸다. 눈빛은 흐리멍덩하고, 목적도 뚜렷하지 않다. 냉정히 돌이켜봤을 때 자신의 삶에 부질없음과 부끄러움을 느끼지 않을 수가 없다. 욕심은 잔뜩 있으나 나태하기 짝이 없는 나를 갱신하려면 혁명이 필요하다.

그래서 니체는 과거를 파괴하거나 해체해야 한다고 부르짖었다. 목표에 다다르고자 열중하던 과거라면 이어받아야겠으나 우리의 과거는 그렇지 않다. 과거를 답습하면 삶이 답답한 나머지 눈에 습기만 차오르게 된다. 과거를 끊어내야만 새로운 희망이 생긴다.

타인이 꾸짖는다고 우리가 바뀌지는 않는다. 오히려 반발심만 생겨서 삐딱하게 군다. 나를 호되게 혼쭐낼 수 있는 건 나일 수밖에 없다. 마음속 법정을 열어서 엄격하게 질책하고 유죄를 선고하라고 니체가 충언한다. 자신을 매몰차게 몰아붙이고, 잘못된 과거를 매몰시켜야 한다. 그래야 지난날과 다른 앞날을 맞이할 수 있다.

마음속 재판에서 유죄를 선고받는 건 괴로운 일이다. 그렇지만 유죄선고를 통해 자신이 허투루 살았다는 걸 자각한 사람만이 탈바꿈을 시도한다. 마음에 스스로 새긴 전과는 사람을 겸허하게 만든다.

우리는 우리 삶의 증인이다. 자신의 뼈아픈 증언을 받아들여야 참신한 미래를 열어낼 수 있다. 자신이 바뀌어야만 진정으로 자신을 용서할 수 있고, 수렁 같은 과거에서 벗어나 자유로워진다. 해방은 자신을 처절하게 다그치고 철저하게 뜯어고친 사람만이 얻어낸다.

사람이 제대로 살려면 과거를 파괴하거나 해체할 힘을 가져
야만 하고 실제로 그렇게 할 수 있어야 한다. 과거를 법정에
세운 뒤 매섭게 심문하고 마침내 유죄를 선고해야 한다

나는 지난날의 잘못을 진심으로 뉘우쳤을까?

제대로 살기 위해 내 일그러진 과거를 끊어낸 적이 있을까?

내 기억은 이것을 내가 했다고 말한다. 그러나 나의 오만한 자존심은 내가 그런 짓을 했을 리 없다고 손사래 친다. 결국엔 기억이 양보한다.

판사는 근엄한 척해도 속이 울렁거린다. 원고와 피고 그리고 증인마다 이야기가 사뭇 다르니 말이다. 진실만을 말하겠다고 선서했어도 속일 가능성이 있을 뿐만 아니라, 사실을 얘기했다 하더라도 그 말이 진실의 실체인지는 알기 어렵다. 재판관은 현장에 있지 않았는데도 옳고 그름을 가름해야 하니 골치가 아프다. 판결할 때 증거를 중시하는 이유이다. 증거는 사람이 깜빡한 내용을 고스란히 간직한다.

물론 증거라고 다 채택되지는 않고, 조작되는 경우마저 있다. 더구나 법조인도 편견으로부터 자유롭지가 않다. 열심히 법전을 외웠더라도 공명정대하게 재판하리라는 보장이 없다. 그래서 과거에 유죄판결이 났는데 시간이 훌쩍 지나 재심을 통해 뒤집히는 경우가 있다. 반대로 악행을 저질렀는데도 무죄를 선고한 사례 또한 드물지 않다.

불공정한 재판이 우리의 마음에서도 실시간으로 일어난다. 우리는 삐딱하게 기울어진 판사이다. 남들에게는 사정없이 막대기로 패듯 막 대하지만 자신의 편에게는 하염없이 관대하다. 엄연한 잘못에도 어쩔 수 없었다며 면죄부를 발부한다. 죄수들과 비슷하다. 범죄자 가운데 참회하는 이들이 드물다. 자신보다 몹쓸 놈들이 많은데 자기만 잡혀 왔다고 몹시 억울해한다.

자신을 두둔하기 위해서라면 우리는 기억마저 날조한다. 내 기억은 그런 짓을 했다고 증언하지만, 나는 그 기억을 외면한다. 자신에게 유리한 증거들만 고른다. 자기 위주로 왜곡한 내용을 진실이라고 믿어버린다. 그러다 보면 기억은 진실을 전하기보다 우리에게 아부하는 기능을 하게 된다.

오만한 자존심의 감옥에 갇히면 자기 자신에게 속게 된다. 오만한 자존심에서 탈출한 사람만이 자기기만을 멈출 수 있다.

내 기억은 이것을 내가 했다고 말한다. 그러나 나의 오만한 자존심은 내가 그런 짓을 했을 리 없다고 손사래 친다. 결국엔 기억이 양보한다.

자존심 때문에 자기 자신을 스스로 속인 적이 있지 않을까?

나의 잘못이 기억나지 않는 척 연기하던 순간은 언제였을까?

저마다 자신으로부터 줄행랑치는 중이므로 다들 안절부절
못한다. 사람들은 겉보기에 만족한 것처럼 비치고 싶으므
로 자신의 조바심을 창피해하면서 감추려고 한다.

내 안에 내가 너무도 많다는 〈가시나무〉의 노랫말이 여전히 사람들 입에서 오르내린다.
그 노랫말처럼 우리의 마음에는 헛된 바람들과 이길 수 없는 슬픔, 갖가지 상처와 후회가
빼곡하다. 자기 내면을 들여다보기가 힘겨운 이유이다. 조용하게 홀로 있는 걸 우리는 견
디기 어려워한다. 심심할 때 혼자 있으면 자기 자신과 심각하게 마주해야 하니까.

나 자신이 불편해서 사람들은 자신으로부터 줄행랑을 친다. 나는 나인데 나로서 있기가
버겁다. 이러한 현상을 니체는 일찍이 꿰뚫어 봤다. 저명인사뿐 아니라 수많은 사람이 대
단한 척 굴었다. 그러나 부와 명예를 성취했을지 몰라도 그들의 마음은 갈팡질팡했다. 그
들은 자신을 온전히 알지 못했고, 자신과 건강한 관계를 맺지 못했다.

예나 지금이나 자신과 좋은 친구처럼 지내는 사람은 흔치 않다. 날마다 내전을 징글징글
하게 벌이는 사람들이 태반이다. 자신이 껄끄럽다면 타인에게 까칠하기 마련이다. 마음
이 비틀거리며 비틀어질 때 너그럽기가 어렵다.

홀로 있는 시간이 가시방석에 앉은 것처럼 느껴진다면 자신과 멀다는 뜻이다. 마음의 일
렁임을 덮어두기만 해서는 안 된다. 조바심을 누그러뜨리려면 자신을 들여다보는 혼자만
의 시간이 필요하다. 성찰할 겨를이 없는 사람은 지금 잘나가는 것 같아도 오래가지 못한
다. 자신의 중심이 든든해야만 각양각색의 사람들과 원만하게 지내고, 복잡한 세상을 굳
건하게 헤쳐갈 수 있다.

저마다 자신으로부터 줄행랑치는 중이므로 다들 안절부절
못한다. 사람들은 겉보기에 만족한 것처럼 비치고 싶으므
로 자신의 조바심을 창피해하면서 감추려고 한다.

나는 언제, 어떤 상황에서 나 자신으로부터 도망치려 했을까?

내 마음을 조용히 들여다보려 하면, 가장 먼저 떠오르는 두려움은 무엇일까?

우리는 자신을 잘 모른다. 우리처럼 세상을 열심히 탐구하는 자들조차 자기 자신에게 무지하다. 여기에는 그럴 만한 이유가 충분하다. 자신을 제대로 탐구한 적이 없기에 그렇다.

우리의 조상들은 먹고사는 일에만 치중하지 않았다. 세상 만물을 이해하려고 연구했다. 동물과 식물의 특성을 관찰했고, 밤이면 펼쳐지는 별들의 공연을 보면서 감탄하는 동시에 별들이 무엇일지 궁리했다.

호기심이 왕성했고, 불가능하게 보이던 일을 감행했다. 위험을 무릅쓰고 험준한 산맥을 넘었고, 저 바다 건너에는 어떤 세계가 펼쳐져 있을지 알고자 배를 띄웠다. 낙타를 타고 광활한 사막을 가로질렀고, 비행기를 만들어 하늘을 날았으며, 심해 깊숙이까지 들어갔다. 인간의 몸집에 견주어 너무나 거대한 지구인데, 구석구석 인류의 발자취가 닿지 않은 곳이 없다. 인간의 모험과 도전 덕분에 많은 것들이 밝혀졌다. 이제 우리는 피뢰침을 만들어 그 무섭던 번개마저도 안전하게 처리하고 있다. 천둥을 신의 노염이라고 여기지 않게 되었다.

인류의 탐험은 멈출 줄 모른다. 우주선도 쏘아 올리고 있다. 우주의 수수께끼마저 하나둘씩 풀리고 있다. 이처럼 전방위로 탐구하는 가운데 여전히 발굴되지 않은 세계가 있다. 우리 자신이라는 세계인데, 내가 누구인지, 왜 나는 이러한지 우리는 좀처럼 알지 못한다.

인간이 자신을 잘 모른다고 니체는 날카롭게 지적한다. 많은 이들이 세상을 열심히 알려고 들면서 정작 자신을 속속들이 알려고 들지 않는다. 그러나 세상을 잘 아는 일보다 더 중요한 건 자신을 제대로 아는 일이다. 많은 문제가 자신을 잘 모르는 데서 비롯되니 말이다.

우리에게는 자신을 깊이 이해해야 하는 숙제가 있다. 삶이 꼬인 사람들은 모두 자신을 잘 모른다는 공통점을 갖는다. 자신에게 무지할수록 인생은 무지하게 힘들 수밖에 없다.

나는 나를 얼마나 잘 알까?

최근에 자기 자신에 대해서 놀란 적이 있을까?

우리의 내면 깊은 곳, 가장 밑바닥에는 가르칠 수 없는 그 무엇이 있다. 정신의 화강암 같은 것이다. 미리 결정된 선택과 대답을 지닌 우리의 근간이다. 그래서 어떤 문제가 생기면 우리는 속절없이 반응한다. "나는 이런 사람이야."

사람은 학습을 통해 사람이 된다고 교육학자들은 주장한다. 어느 정도 일리가 있는 말이다. 천둥벌거숭이였던 우리가 부모의 훈육을 통해 자라다가 학교에 가서 의무교육을 받는다. 어린 시절이란 책상에 강제로 앉아야만 했던 시절이라고 말해도 지나치지 않다.

교육은 우리를 크게 바꿔놓는다. 사회화가 이뤄져서 어디에 가도 원만하게 어울린다. 자기만 앞세우지 않고 타인을 웬만큼 헤아린다. 철부지였던 우리가 타인을 배려하는 사람이 된 것이다. 게다가 정치, 경제, 문화, 종교 등 다양한 경험을 통해 세상을 배움으로써 우리는 더 많은 걸 알게 된다.

이처럼 교육을 통해 남들과 비슷해졌어도 아예 똑같지는 않다. 같은 학교에서 같은 내용을 학습했어도 가치관에 차이가 생긴다. 학교에서 가르친 내용이 와 닿지 않으면 무시하기도 한다. 교육의 영향력은 한계가 있는 셈이다. 결국에 자신을 결정하는 건 사회나 외부의 누군가가 아니라 자기 내면의 성향이다.

여태까지 의무교육을 통해 많은 걸 배웠다면 앞으로는 자신이 누구인지 밝혀내는 방법을 배워야 한다. 마음 깊이 원래부터 박혀 있는 '정신의 화강암'을 찾기 위해서 말이다.

세상은 정신의 화강암에 별 관심이 없다. 우리가 스스로 자신의 밑바닥으로 내려가야 한다. 내면을 파고든 사람은 자신의 뿌리와 만나게 된다.

학교에서 배운 것 중 지금까지도 내 삶에 남아 있는 건 무엇일까?

나는 사회나 타인보다 내 안의 목소리를 더 믿어본 적이 있었을까?

사람이란 무엇인지 그 정체를 밝히는 일은 쉽지 않은데, 그보다 훨씬 더 어려운 일이 자기 자신을 밝히는 일이다. 우리의 자아가 곧잘 거짓말을 하기 때문이다.

까마득한 옛날에 대폭발이 있었다. 억겁의 시간이 지나 태양계가 만들어진 뒤 태양으로부터 너무 가깝지도 멀지도 않은 거리에 지구가 생겨났으며, 지구 곁을 달이 돌게 되었다. 산소가 생겨나고, 물이 만들어졌으며, 마침내 생명이 태어났다. 그리고 그 생명 안에서 사람이 탄생했다. 우주 안에서 우주가 무엇인지 질문하는 존재가 등장한 것이다.

반드시 사람이 생겨나야 했는지, 아니면 이 모든 게 한갓 우연에 지나지 않는지 증명할 방법은 없다. 예전부터 현자들조차 왜 세계가 없지 않고 있는지 궁금해했다. 그러고 보면 고개를 갸우뚱하지 않을 수 없다. 우주가 없으면 아무 일도 없을 것이다. 그런데 왜 굳이 우주가 만들어지고, 생명이 생겨나고, 그 속에서 인간으로 내가 태어나 이 고생을 하며 살아가야 하는 걸까? 참으로 아리송한 일이다.

다른 동물들과 달리 우리는 이 드넓은 우주 속에서 우주를 생각한다. 인류의 조상들은 태양과 달을 유심히 관찰했고, 별들이 우리와 상호작용한다고 여겼다. 그리고 하늘과 땅 사이에서 살아가는 사람이란 어떤 존재이고, 마땅히 무엇을 행해야 하는지 고민했다.

우리는 사람이라는 걸 당연하게 여기지만, 곰곰이 생각해보면 신비롭기 그지없는 일이다. 몹시 희박한 확률로만 존재하는 가능성을 뚫고 지구는 생명을 지닌 행성이 되었고, 갖가지 재난을 극복해 지금 여기에서 우리는 살아 숨 쉬고 있다.

사람이란 무엇인지 선명하게 알기가 어려운데, 이보다 더 어려운 게 있다고 니체는 일러준다. 바로 자기 자신을 아는 일이다. 이기심으로 똘똘 뭉친 자아가 자신의 생존과 번식을 위해 현실을 왜곡하기 때문이다. 진실을 알려면 자아의 감옥에서 탈출해야 한다.

사람이란 무엇인지 그 정체를 밝히는 일은 쉽지 않은데,
그보다 훨씬 더 어려운 일이 자기 자신을 밝히는 일이다.
우리의 자아가 끊임없이 거짓말을 하기 때문이다.

이 세상에 태어나 숨 쉬고 있다는 사실이 신비롭게 느껴진 적이 있었을까?

내 삶 속에서 '사람으로 태어나 참 다행이다'라고 느꼈던 순간은 언제였을까?

우리는 자기 자신을 좀처럼 이해하지 못한다. 우리 자신이 헷갈린다. "사람은 누구나 자기 자신에게 가장 멀다"라는 명제는 영원히 되새길 만큼 의미심장하다. 우리는 세상만사를 다 알려고 해도 정작 우리 자신을 인식하려고 하지 않는다.

세상이 낯설다. 살면서 마주치는 사람들의 모습에 의아해하고, 언론에서 전하는 사건 소식에 자지러진다. 왜 이런 일이 벌어지는지 얼떨떨하다. 누군가의 행동을 보면서 알쏭달쏭할 때가 수두룩하고, 경악할 때가 적지 않다.

타인에게 소스라치게 되는 건 타인을 속 시원하게 알 수 없으니 어쩌면 자연스러워 보인다. 하지만 우리의 당혹은 타인을 알기 어렵기에 생겨나는 현상이라고만 치부할 수 없다. 무엇보다 우리가 자기 자신에 대해 무지하기에 벌어지는 현상이다. 나 자신이 사람이므로 자신을 잘 알면 다른 사람도 잘 알 수밖에 없다. 타인도 나와 다르지 않은 사람이니 말이다. 우리는 자신을 아는 만큼 타인을 이해할 수 있다. 자신을 뼛속까지 파악하지 못하면 타인을 오해할 수밖에 없다.

나는 나에게 이방인이다. 무엇을 애절하게 좋아하는지, 어떤 상황에서 화를 주체하지 못하는지, 자신의 그늘이 무엇이고 어떤 점이 반짝이는지 명료하게 꿰뚫고 있는 사람이 드물다. 나 자신을 몰라서 어떻게 살아야 할지도 모른다. 자기 안의 중심이 잡혀 있지 않으면, 미세한 바람에도 나부낄 수밖에 없다.

세상만사를 알려고 애쓰는 만큼 우리 자신을 샅샅이 알고자 노력해야 한다. 자신을 속속들이 아는 사람은 인간관계와 인생살이가 술술 풀린다. 누군가 별다른 마찰이나 소음 없이 윤택하다면 그 사람은 자신에 대해 깊이 공부했을 게 틀림없다. 누구보다 자신을 잘 아는 사람은 사람에 대한 풍부한 경험과 해박한 지식을 얻게 된다.

앎은 힘인데, 그 가운데 자신에 대한 앎이야말로 힘의 원천이다.

나 자신을 속속들이 안다고 자신할 수 있을까?

내 행동이나 감정이 낯설게 느껴진 적은 언제였을까?

자기 자신을 밝혀낸 사람이란 무언가를 대할 때 자신의 선악을 말할 수 있는 자이다.

세상은 으리으리한 공장이다. 어릴 때는 무엇이든 될 수 있었던 우리였으나 어느새 변화를 꿈꾸지 않는다. 저마다 소질이 달랐던 생명체였는데 다들 엇비슷한 욕망을 품고 헐레벌떡 내달린다. 다니려는 직장도 고만고만하며, 살고 싶은 지역도 거기서 거기고, 살아가는 방식도 별 차이가 없다. 각양각색의 원재료였던 우리가 특정한 제품으로 대량 생산된 꼴이다.

세상은 으스스한 새장을 방불케 한다. 우리는 일정한 경계를 넘지 못한다. 그러나 철창 안에 갇혀서도 자유롭다고 지저귄다. 세상의 요구대로 착하게 굴면서도 착함이란 무엇인지 묻지 않는다. 그래서 니체는 이 착함을 도마 위에 올려서 내리친다. 착함이야말로 우리가 자유롭지 않다는 증거이기에 그렇다.

두말할 것도 없이 착함은 중요한 가치이고 미덕이다. 그런데 우리는 착하게 살다가 착하게 죽으려고 태어난 게 아니다. 착함은 우리의 목적이 아니건만, 우리는 착해야 한다는 강박에 시달리면서 자신을 매섭게 검열한다. 착함에 옭매여 자신이 진정으로 착하다고 착각하는 지경에 이른다. 자신을 찾지 못한 사람은 '착함'의 굴레를 명예로 여긴다.

착한 사람은 세상이 가르친 선악을 고스란히 답습한다. 남들이 나쁘다고 하면 덩달아 손가락질하고, 좋다고 하면 덥석 손을 내민다. 반면에 자기 자신을 밝혀낸 사람은 선악의 기준이 자신에게 있다. 자신에게 정말로 좋은 것을 좋아하고, 다들 떠받드는 것이어도 자신에게 어울리지 않으면 거부한다.

물론 남들이 보기에 착한 사람이 되는 건 나쁜 일은 아니다. 그렇지만 그보다 훨씬 좋은 건 스스로 자유로운 사람이 되는 일이다.

자기 자신을 밝혀낸 사람이란 무언가를 대할 때 자신의 선
악을 말할 수 있는 자이다.

남들의 시선 때문에 '착함'을 연기한 적이 있었나?

지금의 나는 '착하게 보이는 삶'과 '자유로운 삶' 중에 어디를 향하고 있을까?

비로소 자신을 발견했을 때, 우리는 자신을 잃어버리고 또 다시 찾아내는 법을 터득해야 한다.

1장 혼돈

우리는 좋은 교육을 받고 좋은 사람이 되려고 하지만 아직 그리 좋은 사람은 아니다. 자기 자신을 착한 사람이라거나 한결같은 사람이라고 규정해봤자 그건 그저 언어일 뿐이다. 실상과 부합하지 않는다. 나는 나조차도 알 수 없는 미지의 세계이다. 어른이 되어가면서 자신이 어떤 사람이라는 믿음은 깨지게 마련이다. 미처 몰랐던 자신을 발견해서 생기는 당혹감은 누구나 겪어야 하는 성장통이다.

물론 자신을 찾는 일은 쉽지 않다. 너무나 많은 사람이 자신을 몰라서 방황한다. 날마다 자신과 부대끼면서 쩔쩔매고 있다면 절절하게 자신을 찾아야만 한다. 자신을 찾아야만 괜히 좋은 사람인 척 연기하던 과거와 작별하고, 진짜 자신으로서 살 수 있다. 기쁨과 평화는 덤이다.

그동안 나라고 믿어왔던 가면을 벗으면 내면의 감춰져 있던 내가 등장한다. 그런데 가면을 비집고 내면이 새어 나오더라도 그 모습이 유일한 진실은 아니다. 그 안에는 여러 모습의 '나'가 공존한다. 그러므로 낯선 '나'를 찾았어도 끝없이 탐색해야 한다. 니체가 자신을 발견하더라도 잃어버린 뒤 또다시 찾아내는 법을 터득하라고 귀띔한 이유이다. 내 안에 무궁무진한 세계가 잠들어 있기에 그렇다.

자신을 발견하면 그동안 답답했던 일들이 풀린다. 내가 나로서 사는데 나를 모른 채 사니 문제가 생길 수밖에 없다. 나를 모르면서 사는 것만큼 큰 문제가 없다. 나 자신을 찾으면 진정으로 무엇을 원하고 어떻게 살아야 할지 명확해진다. 나 자신으로 사는 일은 뭉클하게 설렌다.

지금 내가 쓰고 있는 '가면'은 무엇일까?

사람들이 모르는 나만의 열망이나 비밀이 있다면 무엇일까?

너희의 사상과 생각과 느낌 뒤에는 더욱 강력한 명령자가 있다. 바로 알려지지 않은 현자이다. 그 현자의 이름은 바로 자기 자신이다.

목이 터질 듯 울면서 태어난 우리는 미욱했던 시절을 지나 성장한다. 여러 고개를 넘고 수많은 갈림길을 지나 비로소 자신을 발견하고 실현하는 과정에 들어선다. 인생이란 자신을 일깨워서 더 높은 수준의 존재가 되기 위한 여정이다.

더 크게 성장하는 과정에서 자기 제어는 필수이다. 마음은 걸핏하면 감정과 욕망으로 요동친다. 갖가지 생각과 느낌에 휩싸이고 휩쓸린다. 혈기로 들끓는 자신을 잠잠히 잠재우는 일은 쉽지 않다. 기분은 들쭉날쭉 난동을 부리고, 외부의 자그마한 자극에도 마음에 파문이 인다. 이러다 보니 목표가 있어도 집중하기가 어렵다. 지난날에 우리가 실패하면서 좌절한 이유이다.

처음부터 자신을 뜻대로 부리기는 어렵다. 오랜 시간 연습해야만 자신을 통제할 수 있게 된다. 평소에도 잔잔한 상태를 유지할 수 있도록 거친 마음을 다듬고 다독이면서 다스리는 훈련을 해야 한다. 노력할수록 차분해진다. 단번에 되지 않아도 간절하게 애쓰는 만큼 우리는 자신을 주체할 수 있게 된다. 생각과 감정에 휘둘리는 일에서 자유로워진다.

생각과 감정을 지켜보면서 명령할 수 있는 현자가 진정한 나 자신이라고 니체는 깨우쳐 준다. 진정한 자신이 되면 자신을 다스리면서 뜻한 바를 이룰 수 있다.

인생의 성패는 여기에 달려 있다. 자신을 지배할 수 있느냐 아니면 지배당하느냐. 자신을 지배하지 못하는 사람은 갖가지 욕망과 감정에 휘청이다가 결국 남에게 지배를 당하게 된다.

최근에 감정에 휘둘려서 후회한 순간은 언제였을까?

나 자신이 가장 현명하다고 느끼는 순간은 언제였나?

우리는 마음 깊숙이 이쪽과 저쪽을 연결하는 다리를 갈망한다. 때로는 나 자신이 그 다리가 되는 순간이 있다. 우리가 더 이상 '나'가 아닐 때, 바로 그 순간이야말로 가장 밝고 사랑스러운 불꽃 같은 순간이다. 이 순간, 우리 존재를 넘어선 무언가가 현실이 된다.

우리는 책임감이 센 편이다. 맡은 바를 수행하고 주어진 일들을 처리한다. 그런데 아빠, 엄마, 언니, 누나, 형, 동생, 아내, 남편, 아들, 딸, 누구의 친구 등의 역할만으로 나를 다 설명할 수 없다. 미처 담아내지 못하는 것들이 마음 깊숙이에 존재한다. 우리는 현실에서 역할을 하는 가운데 내면에서 꿈틀거리는 진짜 자신을 의식한다.

세상에서 부여받은 일을 능숙히 해내는 건 중요하다. 가족이자 시민으로서 우리는 여러 의무가 있다. 그런데 우리는 그저 의무만 하려고 태어난 게 아니다. 우리에게는 개성의 씨앗이 뿌려져 있다. 인생이 왜 벅차냐면, 잠재성을 꽃피우는 과정이기 때문이다. 그냥 대충 살면 딱히 힘들 게 없을 텐데, 자신의 본질을 실현하느라 삶이 힘겹다.

잠재성이 현실로 나오기 위한 다리가 바로 당신이라고 니체는 응원한다. 잠들어 있던 가능성이 현실로 나타나는 통로가 우리 자신이다. 우리가 자신을 탐구해서 잠재력을 깨우면, 잠잠하던 세상에 파란이 인다.

우리는 무의식중에 선을 긋는다. 스스로 이 정도밖에 안 된다고 미리 제한한다. 그 결과 그 정도의 사람이 된다. 이와 달리 무한성이 깨어나면 예전의 나를 극복한다. 과거의 내가 아닐 때야말로 가장 밝고 사랑스러운 불꽃 같은 순간이라고 니체는 예찬한다. 마음에 숨어 있던 힘이 현실에 등장하기 때문이다.

과거의 나는 가두리 양식장이었다. 나 자신의 틀을 깨부수면 내 안에 잠들어 있던 고래가 깨어난다. 아스라한 대양으로 헤엄쳐나가는 아름다운 모험이 시작된다.

우리는 마음 깊숙이 이쪽과 저쪽을 연결하는 다리를 갈망
한다. 때로는 나 자신이 그 다리가 되는 순간이 있다. 우리
가 더 이상 '나'가 아닐 때. 바로 그 순간이야말로 가장 밝
고 사랑스러운 불꽃 같은 순간이다. 이 순간. 우리 존재를
넘어선 무언가가 현실이 된다.

나의 잠재력이 드러났던 순간은 언제였을까?

내 안의 고래가 깨어난다면, 그 고래는 어디로 가고 싶어 할까?

우리 삶의 문제는 정말로 더 높은 곳에 오를 수 있느냐이다. 더 높은 곳에 다다르려면 많은 조건이 요구되는데, 결국 핵심은 무게이다. 세상의 온갖 구속과 결박으로부터 얼마나 자유로워져서 가벼워졌느냐가 관건이다.

변화는 자연의 법칙이다. 사계절이 반복되듯 찾아오지만, 예전과 똑같은 적은 없다. 되풀이되는 듯싶어도 무수한 차이들이 발생한다. 정지와 안정이란 착각이자 망상일 따름이다. 티끌보다 작은 미립자부터 광활한 우주에 이르기까지 모든 게 진동하면서 변한다. 나도 끊임없이 달라진다. 어제의 나와 오늘의 나는 사뭇 다르고, 내일의 나는 또 달라질 것이다. 외양이 변하고, 생각도 바뀌며, 인간관계도 조정된다. 변화는 피할 수도 없고, 피해서도 안 된다. 기꺼이 달라져야 한다. 변하지 않으면 변고가 생긴다.

물론 변한다고 다 좋은 게 아니다. 이전보다 나빠질 수 있으니 말이다. 우리는 위로 올라갈 수 있도록 변해야 한다. 정신이 상승해야 하고, 더 높은 수준에 이르러야 한다. 세상은 우리를 쉴 새 없이 뒤로 끌어당기기 때문에, 향상을 위해 스스로 노력하지 않으면 누구라도 금세 퇴보한다. 어제의 나보다 나아지고자 애쓰지 않으면, 내일의 나는 오늘의 나보다 못나진다.

그런데 높이 오르는 건 어렵다. 왜일까? 무겁기 때문이라고 니체는 정곡을 찌른다. 우리의 마음에는 자질구레한 잡동사니가 득실하다. 그래서 움직이는 데 둔하고, 변화를 꺼린다. 나를 결박하는 것들을 베어내야 잡념이 걷어지면서 마음의 무게가 줄어든다. 사무친 응어리와 욕망의 찌꺼기를 깨끗이 헹궈내고, 거추장스러운 군더더기들을 쳐내야 한다. 고인 물에서 빠져나와야만 신선한 포부가 생긴다. 우리 삶의 목표는 시시덕거리다가 시시하게 죽는 게 아니라 가슴이 뻥 뚫리도록 시원하게 삶의 의미를 찾는 것이다. 나른한 게으름을 허락해서는 안 된다. 높은 곳을 쳐다보면서 올라야 한다.

우리 삶의 문제는 정말로 더 높은 곳에 오를 수 있느냐이
다. 더 높은 곳에 다다르려면 많은 조건이 요구되는데, 결
국 핵심은 무게이다. 세상의 온갖 구속과 결박으로부터 얼
마나 자유로워져서 가벼워졌느냐가 관건이다.

오늘의 나는 어제의 나와 어떤 점이 달라졌을까?

내가 끊어내고 싶은 결박이나 습관은 어떤 것일까?

『유고(1881년 봄~1882년 여름)』

나의 사상이란 한마디로 하면 이렇다. 다시 똑같이 살고 싶은 삶을 살아라. 바로 이렇게 사는 것이 너의 과제이다. 너는 꼭 이렇게 살아야 한다.

어떻게 살아야 좋을지 알 수 없을 때가 숱하다. 뒤돌아보면 회한이 응어리져 있고, 이룩한 건 딱히 없으며, 앞날은 어렴풋하기만 하다. 그냥 남들만큼은 하려고 안간힘을 쓰는데, 모든 게 뒤죽박죽인 것만 같다. 잘 사는 게 맞는지 의구심이 솟구친다.

나를 쥐어짜는 세상 속에서 몸과 마음이 갈린다. 그동안 흘린 피땀에 아랑곳하지 않고 승패가 갈린다. 어찌하면 좋을지 모르겠다는 넋두리에 주변 사람들의 조언이 엇갈린다. 무엇이 맞는지 헷갈린다.

갈가리 갈라진 우리의 마음을 추스르면서 니체는 단호하게 진단한다. 지금의 삶을 똑같이 반복해서 살기를 원하느냐고.

삶이 반복되면 어떨까? 자신이 어리석어서 생겨났던 고통을 다시 겪어야 할 테고, 작은 것 가지고 악다구니를 또 벌일 것이다. 서로의 가슴에 못질하던 말과 행동도 고스란히 되풀이된다. 생각하는 것만으로 답답하고 갑갑해진다. 삶이 반복된다는 말에 질겁하게 된다. 누구라도 지금과 똑같은 삶을 다시 살고 싶지는 않을 것이다. 삶의 반복이란 불행과 불만이라는 미궁 속에 갇힌 채 계속 방황한다는 뜻이니 말이다.

삶의 반복을 원치 않는다면, 그것은 현재의 삶이 잘못되었다는 확실한 증거이다. 다시 태어나도 똑같이 살고 싶은 삶을 살아야 한다. 그렇다면 변신하지 않을 수 없다. 탐탁지 않은 자신의 모습은 변화가 필요하다는 강력한 신호이다. 스스로 흡족할 수 있도록 삶을 송두리째 바꿔야 한다. 이것이 우리의 과제라고 니체는 천명한다.

자기 삶을 흐뭇하게 바라보면서 이렇게 외칠 수 있어야 한다. 한 번 더!

만약 내 삶이 '똑같이' 반복된다면, 꼭 다시 겪고 싶은 일은 무엇일까?

똑같이 살아도 좋은 삶이 되려면 무엇이 변해야 할까?

Friedrich Wilhelm Nietzsche

니체가 묻고 내가 답하는 100일 인생문답

21 - 40

2장

상처

가만히 들여다보면 우리의 마음은 상처투성이다.
그런데 상처는 그저 감춰야 하는 아픔이 아니다.
고단한 삶을 견디어냈다는 훈장이다.
상처를 통해 아집이 깨지면서 우리는 깨어난다.

가슴 찢는 고통은 사람을 고귀하게 만든다.

살다 보면 누구나 곤경에 빠진다. 오랫동안 준비한 일의 실패, 믿었던 친구의 배신, 사랑하는 사람과의 이별, 가족의 죽음, 느닷없이 당하는 해고, 예기치 못한 질병, 갑작스러운 사고가 우리를 강타한다.

고난은 엎친 데 덮친다. 마음이 무너지는데 주위 사람들이 떠나간다. 돈을 잃었는데 건강도 나빠진다. 지푸라기라도 잡는 심정으로 둘러보지만, 사방은 깜깜하기만 하다. 어디에도 돌파구가 보이지 않고 비빌 언덕이 없다.

열불과 눈물이 휘몰아치는 가운데 지탱해온 삶은 거꾸러진다.

고통스러운 시기에 우리는 엉뚱한 대상에게 화풀이하거나 신세타령을 하면서 세월을 보낸다. 사람인지라 가슴을 치면서 하소연할 수밖에 없기는 하다. 그러나 언제까지 웅크린 채 훌쩍이기만 할 수는 없다. 엉덩이를 털고 일어나 과거의 구렁에서 훌쩍 벗어나야 한다. 그래야 새로운 미래가 열린다.

니체뿐 아니라 모든 위인은 하나같이 역경 속에서 영글었다. 누군가 성숙했다면 그 사람은 가슴이 에이었을 게 분명하다. 당시는 무지하게 괴로웠으나 고통 속에서 그들은 강해졌다.

깊은 고통이 우리를 고귀하게 만든다고 니체가 나지막이 속닥인다. 고통은 아무 이유 없이 일어나지 않는다. 이제 다음 단계로 넘어가야 하는데 우리가 과거에 사로잡혔기에 생겨난 충격이다. 머뭇거리는 나를 깨뜨리면서 깨어나게 하려고 찾아온 손님이 시련이다. 가슴이 찢겨야만 우리는 거듭날 수 있다.

내 삶에서 가장 가슴 아팠던 순간은 언제였나?

인생의 시련이 '손님'이라면, 그 손님은 나에게 무엇을 전하려 했을까?

나를 죽게 하지 않는 고통은 나를 더욱 강하게 만든다. 이것이 삶이라는 사관학교에서 우리가 배우는 교훈이다.

니체의 삶은 고통의 연속이었다. 아버지는 일찍 사망했고, 엄격한 집안에서 주눅 든 채 자랐다. 사교성이 부족해 친구들은 별로 없었고, 이따금 뜻이 맞는 사람들이 생겨나도 멀어지기를 반복했다. 건강도 좋지 못했다. 전쟁에 나갔다가 다쳤고, 수많은 병마에 시달렸다. 평생 여기저기를 돌아다니며 요양해야 하는 신세였다.

몸의 아픔보다 더 아픈 건 무시일지도 모른다. 아찔하게 아름다운 글을 빚어냈으나 사람들은 니체의 진가를 알아보지 못했다. 정성을 다해 펴낸 책도 거들떠보는 이가 거의 없었다. 출판사가 꺼려서 오죽하면 자비로 출간한 적도 있었다. 니체는 사상의 선구자이자 독립출판의 선구자였다.

그러나 니체는 삶의 험난한 고개를 넘어갈 때 한숨만 내쉬지 않았다. 자신에게 들이닥친 고통을 삶의 사관학교로 여겼다. 사관학교에 들어가면 여러 훈련을 받고는 의젓해지고 듬직해진다. 마찬가지로 니체는 삶의 사관학교를 통해 더 단단해졌고, 더 튼튼해졌다. 고통은 죽을 것 같아도 그저 섬뜩한 괴로움만이 아니다. 정신을 달구면서 담금질하는 자극이다.

우리는 그동안 알게 모르게 삶의 사관학교에 다녔다. 여러 고비를 넘으면서 단련되었다. 앞으로 극복해야 하는 가파른 비탈 또한 우리의 내공을 높이는 훈련이다. 삶의 사관학교 덕에 우리는 조련되어서 강인해졌다. 나이가 들수록 더욱더 노련해져서 인생을 헤쳐나가는 일에 숙련될 것이다.

삶이라는 사관학교를 통해 우리는 이만큼 성장했다. 죽을 것 같던 지난날을 이겨내고 굳세어진 자신을 대견하게 바라보라.

나를 죽게 하지 않는 고통은 나를 더욱 강하게 만든다. 이
것이 삶이라는 사관학교에서 우리가 배우는 교훈이다.

지금의 내가 과거보다 강해졌다고 느끼는 순간은 언제였나?

나는 어떤 '삶의 사관학교 훈련'을 겪으며 단단해졌을까?

수많은 사람이 괴로운 밤을 어떻게 넘기는지 아는가? 바로 끝낼 수도 있다는 극단적인 생각에 잠시 기대는 것이다. 그 생각에 위로받은 뒤 사람들은 자신의 삶을 다시 살아낸다.

일상은 성가신 일투성이다. 업무에 차질이 생기면 성깔을 부리고, 성공이 멀어지면 성질을 버린다. 우울과 피로에 몸과 마음은 성치 않고, 현실의 사랑은 성에 차지 않는다. 내 삶이 왜 이 모양인지 알 수가 없어 성이 난다.

허둥지둥 낮이 지나가고 스산한 밤이 마음에 둥지를 틀 때쯤이면 우울한 절망감이 을씨년스럽게 부화한다. 주위에 아무도 없는 거 같고, 앞날은 캄캄하기만 하다. 내일 아침에 일어나기가 두렵다. 낭떠러지 앞에 서 있는 듯한 기분이 들 때마저 있다. 인생이 너무나 힘겨울 때면 공포의 죽음이 차라리 안락하다. 이 징글징글한 삶을 끝낼 수 있다는 생각은 되레 위안이 된다.

하지만 우리는 죽지 않는다. 죽으면 주위 사람들에게 지울 수 없는 상처를 남길 뿐만 아니라 죽는다고 문제가 해결되는 게 아니란 걸 알기 때문이다. 더구나 죽음은 내면에서 꿈틀대던 그 수많은 변화의 가능성을 앗아간다.

우리가 정말로 죽이고 싶은 건 육체가 아니라 욕심으로 범벅된 아집이다. 목숨을 끊을 게 아니라 관성을 끊어내는 것이 진정으로 우리가 해야 할 일이다.

자살이라는 낱말의 순서를 바꾸면 '살자'이다. 자살에 대한 생각은 현재 자신을 바꿔서 제대로 살라는 신호이다. 알고 보면 죽고 싶은 충동이란 미련했던 과거와 단절해서 새로 태어나려는 내면의 힘이다.

그동안의 고통은 새로움을 낳으려는 산고였다. 우리가 맞이하는 먹먹한 밤은 허물을 벗기 위한 시간이다. 이대로 증발해버리고 싶었던 밤이 지나고 새벽이 밝으면, 우리는 날개를 펴고 날아오를 것이다.

수많은 사람이 괴로운 밤을 어떻게 넘기는지 아는가? 바로 끝낼 수도 있다는 극단적인 생각에 잠시 기대는 것이다. 그 생각에 위로받은 뒤 사람들은 자신의 삶을 다시 살아낸다.

"다 그만두고 싶다"는 마음이 들었던 순간은 언제일까?

오늘의 나를 버티게 하는 작은 위로는 무엇일까?

사람이 고통에 분개하는 까닭은 고통 자체 때문이 아니라
고통의 무의미함 때문이다.

화를 어떻게 다루느냐에 따라 삶의 빛깔이 달라진다. 어떤 이는 화를 다스리면서 불꽃처럼 살고, 누군가는 걸핏하면 주변 사람들에게 화상을 입힌다. 화는 내면에서 들끓는 홧홧한 불길이므로 조심해야 한다. 쉽사리 분개하면 일상이 붕괴한다.

그렇다고 화를 짓누르기만 하면 마음이 시커멓게 그을리거나 생뚱맞은 데서 화가 터져 나온다. 나 자신을 위해서라도 세련되게 분노할 줄 알아야 한다. 자신을 함부로 대하는 이들에게 노여워하지 않으면 우리는 계속 짓밟히고, 마음은 온통 잿더미가 된다.

노염에는 고통을 계속 당하지 않겠다는 의지가 담겨 있다. 그런데 고통스럽다고 무조건 부아가 생기지는 않는다. 운동선수들은 훈련받을 때 매우 괴로운데도 꿋꿋이 감내한다. 고통을 통해 자신들이 더 강해질 걸 알기에 그렇다. 마찬가지로 이유가 있는 고통이라면 우리는 단단히 마음을 잡고 담담히 견딘다.

그런데 무의미한 고통이 있다. 날벼락 같은 봉변을 당할 때 자신의 상황을 선뜻 받아들이기 어렵다. 왜 하필 자신이 이런 걸 겪어야 하는지 알 수 없는 고통은 끔찍한 고뇌를 일으킨다. 정말로 힘든 건 고통 자체가 아니라 고통의 무의미함이다. 의미가 있다면 인간은 그 어떤 재난에도 꺾이지 않고 버틴다.

이 힘든 세상을 헤쳐가기 위해서 우리는 고통의 의미를 찾아야 한다. 의미란 살아가는 내내 우리 스스로 발견하고 발명해내는 것이다.

내게 들이닥친 고통은 왜 발생했을까?

내 인생에서 '의미 있는 고통'이라고 부를 수 있는 순간은 무엇이었을까?

25

의식 수준이 높은 사람들, 가장 용기 있는 사람들은 가장 고통스러운 비극들도 체험하게 된다. 하지만 그들은 삶을 원망하지 않는다. 도리어 가장 막강한 적수와 맞닥뜨리게 해준 삶을 경외한다.

이 지구에는 중력만큼이나 만물에 골고루 작용하는 게 있다. 바로 고통이다. 이 세상에 태어나는 생명은 죄다 고통을 당한다. 고통 없는 삶이 없다. 삶 자체가 고통이다. 다만 그 고통을 대하는 마음가짐이 다를 뿐이다. 어떤 이는 고통 속에서 허우적거리다가 더 깊은 수렁 속으로 빠져들지만, 또 다른 이는 고통 속에서 자신이 나아가야 할 바를 깨닫고는 바닥을 치고 솟아오른다.

의식 수준이 높아진다고 해서 고통이 사라지는 것은 아니다. 그러나 또렷하게 구분되는 지점이 있다. 의식 수준이 낮은 이들은 세상을 탓하고 남에게 삿대질하느라 정신없다. 소중한 나날을 앙심을 품은 채 지낸다. 마치 누군가를 물어서 해치려는 독사처럼 되어간다. 반면에 의식 수준이 높은 사람들은 엄청난 비극을 겪어도 마음에 앙금이 남지 않는다.

삶이 비탈져서 자꾸만 미끄러질 때 욕설을 내뱉는 게 자연스러워 보인다. 그러나 꼭 그래야 할 이유는 없다. 난관이란 자신을 더 강하게 단련시키는 적수이다. 의식 수준이 높은 사람은 자신이 녹슬지 않도록 막강한 상대를 불러들인 것이라며 인생의 호의에 감탄한다. 위기를 기회로 삼는다.

삶은 고통과 함께 의식의 상승이라는 보상을 제공한다. 의식 수준이 위로 올라가는 일이야말로 진정한 위로이다. 고통 속에서 정신이 깨어나야만 의식 수준이 높아진다. 일부러 골탕 먹이려고 시련이 생기는 게 아니다. 우리를 어떻게든 성장시키고자 삶은 다양한 시험을 치밀하게 준비해서 건넨다. 이러니 삶을 사랑하지 않을 도리가 없다.

의식 수준이 높은 사람들. 가장 용기 있는 사람들은 가장
고통스러운 비극들도 체험하게 된다. 하지만 그들은 삶을
원망하지 않는다. 도리어 가장 막강한 적수와 맞닥뜨리게
해준 삶을 경외한다.

나의 삶을 가장 크게 흔들었던 '막강한 적수'는 누구 혹은 무엇이었을까?

고통을 겪을 때마다 나는 남을 탓했나, 아니면 나를 단단히 하는 계기로 삼았나?

26

자기 부모를 가장 적게 닮아야 한다. 부모를 닮는 일은 비천함을 드러내는 가장 강력한 표시이다.

누구나 상처를 더듬다 보면, 자신의 부모에 대해 더듬거리면서 말하게 된다. 어머니와 아버지는 우리를 낳아 키워준 고마운 사람들이자 아픔을 준 사람들이다. 우리의 마음은 어버이에 대한 애증으로 사무쳐 있다. 그들을 사랑하는 한편 그들이 사과하기를 바라는 마음이 도사린다.

부모의 역할은 막대하다. 부모가 어떠냐에 따라 생애가 좌우된다. 어버이에게 충분히 사랑받았다고 해서 꼭 훌륭한 사람으로 자라는 건 아니지만, 일찍이 부모를 여의어서 어려서부터 외톨이였거나 학대당했던 아이들이 건전하고 올바른 인격을 갖추기란 여의치 않은 일이다.

부모가 있어도 문제는 필연처럼 생겨난다. 많은 이들의 마음에는 부모가 할퀸 말들 때문에 여전히 피가 흐른다. 그들이 무심코 했던 모진 말이 못처럼 박혀 있기도 하다. 밥을 먹이고 옷을 입혀주었어도 마음을 따뜻하게 보살피지 못한 부모가 적지 않다. 겉보기엔 멀쩡해도 자녀들의 마음 깊숙이에는 울분이 고여 있다.

그런데 시간이 한참 흘렀다. 부모에 대한 원망으로 인생을 보내기엔 우리의 삶이 너무 아깝다. 부모를 미워하기보다는 자신이 얼마나 부모와 비슷한지 뼈저리게 돌아봐야 한다. 부모와 가장 적게 닮아야 한다고 니체가 호소한 까닭이다. 부모의 잘못을 자신이 반복하는 일만큼 오싹한 비극도 없다.

우리는 진정으로 효도를 해야 한다. 늙은 부모에게 용돈을 챙겨드리고 호강시켜드리는 건 좋은 일이지만, 그것만으로는 충분하지 않다. 진정한 효도란 부모를 넘어서서 훌륭한 사람이 되는 일이다. 부모의 그늘에서 빠져나와 과거의 잔재들을 극복할 때, 비로소 사람은 크게 성장한다.

내가 부모님과 가장 닮고 싶지 않은 부분은 무엇일까?

지금의 나는 부모님에게 진정으로 효도를 하고 있을까?

27

삶을 선택하지 않았다. 부모, 사회, 나라, 이웃 등 내가 고르지 않았다. 바로 이런 것들과 함께 운명이 빚어지고, 운명과 격렬한 투쟁을 벌이면서 우리 내면의 힘이 태어난다.

삶의 뼈대는 어찌할 수 없는 것들로 이뤄진다. 태어나보니 이러한 가정이었고, 21세기를 살아가고 있다. 내가 이런 모습으로 살아 숨 쉴 거라는 사실을 미리 알 수 없었다. 눈떠보니 나이고, 정신을 차리고 보니 이 모습이다. 운명의 장난처럼 내가 나인 건 운명이다.

처음에 우리는 자신의 운명을 거부하려 한다. 자신의 처지에 흡족해하는 사람은 아무도 없다. 가족을 아끼며 사랑하기는 쉽지 않다. 자신이 살아가는 사회의 그늘은 짙게만 보인다. 주위 사람들과 자꾸 부딪친다. 그 누구의 삶이든 말썽투성이다. 문제는, 마뜩잖은 여건에다 원치 않은 상황에 내던져졌더라도 내가 아닌 다른 누군가가 될 수 없다는 점이다. 나로서 살아가는 게 운명이다.

운명이란 인생이 결정되어 있다는 뜻이 결코 아니다. 부모, 지역, 문화, 국가, 시대, 종교 등 강력하게 영향을 끼치지만, 그 영향에 내 삶이 판가름 나지는 않는다. 내게 미치는 수많은 힘과 부딪치고 대결하면서 우리는 인생을 만든다. 자신의 운명을 빚어내는 것이 우리의 운명이다.

여러 가지가 운명처럼 각인되었어도 자신의 의지에 따라 삶이 달라진다. 이렇게 살 팔자라면서 한숨만 내쉬면 자신의 삶은 한심하게 결딴날 수밖에 없다. 비록 현실이 갑갑하더라도 앞날은 달라지리라고 믿고 움직이면 많은 게 바뀐다.

운명은 우리 삶을 얽어매지만, 운명보다 더 큰 힘이 우리 안에 있다. 운명에 맞서 투쟁하면, 자신이 미처 몰랐던 놀라운 힘이 깨어난다.

삶을 선택하지 않았다. 부모, 사회, 나라, 이웃 등 내가 고
르지 않았다. 바로 이런 것들과 함께 운명이 빚어지고, 운
명과 격렬한 투쟁을 벌이면서 우리 내면의 힘이 태어난다.

'팔자대로' 살아가고 싶지 않다고 느낀 순간은 언제였을까?

내 삶을 새롭게 빚어내기 위해 지금 당장 할 수 있는 작은 실천은 무엇일까?

누군가 금욕주의의 이상을 신봉한다. 그는 왜 그러할까?
바로 고통에서 벗어나려는 몸부림이다.

오늘날에도 쇼펜하우어는 널리 사랑받는 사상가이다. 그의 글에는 세상살이에 대한 염증
이 부글부글 끓고, 독설과 냉소가 끈적하게 배어있어도 독자들이 찾는 데는 그만한 이유
가 있다. 쇼펜하우어는 인간을 깊게 꿰뚫어 봤다. 삶이란 무엇이고, 세상이란 어떠한지 자
기 생각을 정리해서 전수했다. 그는 톱과 같았다. 세상을 떠받쳐온 기둥들을 거침없이 썰
었다.

니체 역시 젊은 시절에 쇼펜하우어의 책을 읽고는 충격을 받았고, 쇼펜하우어를 존경해
마지 않았다. 그런데 니체는 쇼펜하우어를 그저 섬기기만 한 것은 아니었다. 스승의 은혜
를 갚으려면 스승 밑에 머물러서는 안 된다. 독립해서 극복해야 한다. 니체는 나비처럼 날
아오르더니 전사처럼 쇼펜하우어를 두들겨 부수었다.

쇼펜하우어는 내면에서 꿈틀대는 욕망과 의지를 극복하라고 설파했다. 우리가 욕망의 노
예로 살고 있으니 금욕해서 초월하라는 철학을 제시했다. 니체는 쇼펜하우어의 뜻을 존
중하면서도 아예 반대로 간다. 우리 안에서 용솟음치는 의지를 뿜어내라고 촉발하며, 욕
망을 발산하고 긍정하라며 함성을 지른다. 니체는 삶을 즐기면서 창조하는 철학을 내놓
는다.

끊임없이 생겨나는 욕망에 시달려 괴로운 나머지 쇼펜하우어가 금욕주의 철학을 신봉하
게 되었다고 니체는 간파한다. 생존하고 번식하려는 원초적 의지가 삶의 뿌리를 이룬다.
생존과 번식에만 전념하면 곤란하겠으나 이 근본의 힘을 무시하면 위선자가 된다. 의지
의 뿌리를 잘라내면 자유로워지고 행복해질 수 있다는 쇼펜하우어에 맞서 니체는 의지
의 뿌리를 통해 줄기를 뻗어내고 아름다운 꽃을 피우고 탐스러운 열매를 맺으라고 노래
한다.

누군가 금욕주의의 이상을 신봉한다. 그는 왜 그러할까?
바로 고통에서 벗어나려는 몸부림이다.

나는 나 자신을 지나치게 억누르며 살았던 순간이 있었을까?

반대로, 내 의지를 마음껏 펼쳐내고 긍정했던 순간은 언제였을까?

29

우울증과 싸울 때 귀중한 방법이 있다. 바로 일상에서 쉽게 누릴 수 있는 소소한 즐거움이라는 처방이다.

어느 날 우리의 마음은 널브러지게 된다. 우울증이 우리를 잠식했을 때다. 우울하면 살아야 할 희망을 찾지 못한다. 삶은 그저 무가치하고 세계는 내내 황량하고 암담한 미래만이 마냥 기다린다고 단정한다. 우울한 사람은 자기 생각을 믿어 의심치 않는다.

칼보다 무서운 게 생각이다. 칼은 그 자체로 위험하지 않다. 칼질하다가 손가락을 베더라도 잠깐 아린 정도이다. 위험한 것은 칼이라는 사물이 아니라, 그것을 흉기로 쓰겠다는 '생각'이다. 그런 생각이 고통을 만든다. 비수보다 더 날카로운 생각에 난도질당하는 고통이 우울증이다.

우울은 현대인을 그림자처럼 따라붙는다. 경쟁이 그악스럽게 펼쳐지고, 마음 붙일 만한 곳이 별로 없다. 높은 곳에 다다르기는 쉽지 않으며, 노력한 만큼 보상이 주어지지도 않는다. 우울증약이 불티나게 팔릴 수밖에 없다. 그러나 약이 암울한 생각을 잠깐이나마 누그러뜨리더라도 약에 의존해서는 안 된다. 약은 내성이 있어서 갈수록 효과가 떨어진다.

우울해하는 우리에게 소소해도 확실한 즐거움을 얻으라고 니체가 처방한다. 저 원대한 봉우리를 정복하기에 앞서 마음을 추스르고 야트막한 언덕부터 웃으면서 오를 필요가 있다. 저 멀리 목표에 도달한 뒤에 웃으려고 들면 세상을 헤쳐나가는 동안 웃음기는 메마를 수밖에 없다.

니체는 우울함에 굴복하지 않고자 작은 일에도 기뻐하고 매 순간 유쾌하게 반응하려고 애썼다. 혼자 있을 때도 밝은 표정을 짓고, 하늘을 바라보면서 웃는 연습을 꾸준히 하며, 부지런히 발을 구르며 움직일 때, 우리는 우울함이라는 굴레에서 벗어날 수 있다.

우울증과 싸울 때 귀중한 방법이 있다. 바로 일상에서 쉽게 누릴 수 있는 소소한 즐거움이라는 처방이다.

나는 어떤 순간에 마음이 무너져 우울해지는 걸 느낄까?

최근에 내가 웃음을 되찾게 만든 소소한 순간은 언제였을까?

30

의사의 처방을 따를 때보다 환자가 스스로 자신을 돌볼 때 더 건강해지는 데는 이유가 있다. 자기 자신을 보살피는 사람은 자신을 훨씬 더 들여다보고, 관심을 훨씬 더 기울이며, 스스로 명령하고 금지하기 때문이다.

현대인은 건강 정보를 얻고자 촉각을 곤두세우고 있다. 의료관계자들의 얘기에 귀를 쫑긋하고, 어떤 건강기능식품이 좋다고 소문나면 금방 동난다. 금연이 자연스러운 대세가 됐고, 음주도 뜸해졌다. 목돈을 치르고는 체력단련장에 가서 쇠붙이를 들었다가 놓기를 반복하고, 그밖에도 여러 방법을 통해 땀을 흘린다.

그런데 단순히 근육량으로 건강을 판정할 수는 없다. 군살 하나 없는 탄탄한 몸매더라도 건강하지 않을 수 있다. 산만한 마음은 산만하게 나온 배만큼이나 건강에 해롭다. 건강을 지나치게 염려하고, 권위자에게 의존하려고 드는 태도도 건강하지 않다. 건강이란 자기 삶을 이끌고 가는 주체성이자 내면의 힘이기에 그렇다.

니체는 몸이 아파 여러 의료인의 진찰을 받고, 요양하고자 여기저기를 전전했던 만큼 환자의 심정을 잘 알았다. 누구보다 건강에 대해서 깊게 고민한 니체는 스스로 돌볼 때 더 건강해진다고 자신의 경험을 들려준다. 의료인들에게 도움을 받되 거기에만 기대지 말고 자청해서 건강을 챙기라고 독려한다.

의료진의 처방을 덮어놓고 따르는 건 수동성이다. 내 삶이 타인의 진단에 맞춰진다. 반면에 내가 나에게 관심을 기울이고 자신의 규칙을 만들어 지켜나가는 건 능동성이다. 삶의 중심이 나에게 있다. 몸과 마음의 주인이 되어 인생의 주인공으로 살아가는 사람은 파릇파릇할 수밖에 없다.

많은 이들이 처음 보는 의료인을 찾아가서는 자신이 왜 아픈지 묻는다. 그런데 그 원인을 들여다보면 자신의 고통은 스스로 자아낸 경우가 허다하다. 건강하기 위해서라도 우리는 병원 문턱을 넘기에 앞서 먼저 자기 내면의 문턱을 넘어야 한다.

의사의 처방을 따를 때보다 환자가 스스로 자신을 돌볼 때
더 건강해지는 데는 이유가 있다. 자기 자신을 보살피는
사람은 자신을 훨씬 더 들여다보고, 관심을 훨씬 더 기울
이며, 스스로 명령하고 금지하기 때문이다.

내가 만든 생활 규칙이 내 삶을 더 건강하게 해준 경험은 무엇이었을까?

나는 능동적으로 나를 돌보고 있을까, 아니면 수동적으로 남에게 맡기고 있을까?

31

우리에게는 새로운 건강이 필요하다. 이전의 어떤 상태보다 더 굳세고, 더 뛰어나며, 더 질기고, 더 담대하며, 더 유쾌한 건강 말이다.

니체가 걸린 병들을 하나하나 손꼽으면 손가락 모두가 동원되고도 모자랄 정도이다. 이질, 디프테리아, 위장병, 편두통, 눈병, 폐병, 황달, 장염, 불면증 등. 게다가 매독에도 감염된 것으로 추정된다. 지독한 근시라서 책을 읽고 글 쓸 때 눈을 가까이하느라 경직된 목의 통증도 엄청났고, 눈의 통증이 심각해서 두통으로까지 번질 정도였다. 말에 부딪혀 갈비뼈가 드러나는 사고를 겪기도 했다. 말년에는 뇌종양으로 인해 정신착란에 빠졌다.

요양해도 니체의 상태는 좀처럼 나아지지 않았다. 괜찮아졌다 싶으면 어김없이 다시 탈이 났다. 그는 자신이 얼마나 자주 몸져누웠는지 세어보았는데, 1879년에는 365일 가운데 118일 동안 아팠다. 그는 만성화된 지병으로 평생 끙끙 앓았다.

그렇지만 니체는 괴로움에 잡아먹히지 않았다. 되레 아픔을 삶의 자산으로 삼았다. 아프다고 그저 침실에 누운 채 골골대지 않았다. 삶을 되짚으며 자신을 들여다봤고, 미래를 내다봤다. 바쁘게 쏘다니느라 건강한 사람들이 놓치는 것들이다. 니체는 몸져누웠을 때 세상으로부터 물러나 기운을 충전한 뒤, 다시 세상으로 나아가 아픔 속에서 얻은 지혜를 활용했다. 심하게 아팠는데도 니체는 자신이 병들지 않았다면서 꿋꿋했다. 아플 때도 건강하게 살았다고 자부심을 지녔다.

니체는 위대한 건강을 선포한다. 위대한 건강이란 몸이 아프고 삶이 힘들어도 그 상황에서 최선을 다하는 주체성이다. 니체는 단지 건강하기 위해 살지 않았다. 건강을 통해 자신의 목표를 이루려고 했다.

우리의 목적은 건강 그 자체가 아니다. 건강은 우리의 뜻이 펼쳐지기 위한 토대일 뿐이다.

우리에게는 새로운 건강이 필요하다. 이전의 어떤 상태보
다 더 굳세고, 더 뛰어나며, 더 질기고, 더 담대하며, 더 유
쾌한 건강 말이다.

내가 생각하는 '위대한 건강'은 어떤 모습일까?

건강이 무너졌을 때도 지켜내고 싶은 내 삶의 목표는 무엇인가?

타인들과 벌이는 경쟁은 사실 그리 대수로운 일이 아니다. 우리가 진정으로 해야 할 투쟁은 언제나 성장, 확장, 초월을 목표로 한다. 내면의 힘을 키우고 표현하려는 삶의 의지에 따라 살아라.

사람은 많은데, 자원은 한정되어 있다. 인정과 사랑 또한 마찬가지이다. 세상은 모든 사람을 인정하지 않고, 사랑은 골고루 나뉘지 않는다. 경쟁이 필연처럼 일어날 수밖에 없는 구조이다. 우리는 부와 명예를 조금이라도 더 차지하고자 아등바등한다.

경쟁은 우리를 분발시켜 잠재력을 끌어내니 타인과 겨루는 일에 최선을 다할 필요가 있다. 그런데 오늘날에는 선의의 경쟁을 펼치는 정도가 아니라 경쟁이 사람을 잡아먹는 경우까지 생긴다. 자신의 향상을 도모하기보다는 무조건 이겨야 한다는 강박에 사로잡힌다. 자신이 더 나은 존재가 되는 일에는 흥미가 없고, 그저 서열과 순위만 신경을 쓴다. 100점을 받아도 동점자가 많다면 못마땅해한다. 50점밖에 안 되어도 남들이 49점이라면 만족한다. 경쟁의 부작용이다.

요즘에는 타인과 겨루는 일이 사사건건 모든 분야에서 부추겨진다. 뒤처지면 큰일이 날 것만 같다. 앞서가고 싶어 아득바득 움직인다. 왜 경쟁하는지 이유나 목적이 희미해진다. 밀리면 끝장이라는 불안과 공포 속에서 허겁지겁 내달리는 사람들로 세상이 와글와글하다.

초조해하는 우리를 니체가 격려한다. 남들과 도토리 키재기를 하지 말고, 자신의 확장과 초월을 위해서 투쟁하라고.

우리 내면에서는 삶의 의지가 들끓는다. 삶의 의지란 과거의 나를 극복하면서 성장하려는 힘이다. 타인들과 티격태격하면서 기운을 빼기보다는 자기 발전에 집중해야 한다. 우리가 경쟁하면서 물리쳐야 할 상대는 어제의 나이다.

어제의 나를 극복하지 않으면 어제는 나의 한계가 되어버린다. 더 오르려고 하지 않는 사람에게는 내리막길이 기다릴 뿐이다. 나의 전성기는 아직 오지 않았다고 믿고 싶겠으나, 이미 지나가 버린 어제가 그나마 빛나던 순간이라면 어쩌겠는가?

어제의 나를 넘어섰다고 뿌듯했던 경험은 언제였나?

나의 전성기는 언제일까? 어제? 지금? 아니면 내일?

노예는 강자를 증오한다.

니체는 사람을 크게 둘로 나누어 본다. 노예와 귀족이다. 다르게 표현하면, 약자와 강자다. 노예와 귀족은 정반대의 인간형이다.

먼저, 노예는 수동적이다. 남들이 시키는 걸 한다. 귀족은 능동적이다. 자청해서 하고 싶은 걸 찾는다. 삶에 주도권이 있으면 귀족이고 없으면 노예이다.

삶의 무게중심도 노예와 귀족은 대조된다. 노예는 삶의 무게중심을 외부에 둔다. 뭐든 남 탓을 한다. 타인과 세상 때문에 자신이 불행하다고 원망한다. 이 말은, 타인과 세상이 도와주지 않으면 영영 불행할 수밖에 없다는 자백이다. 게다가 노예는 스스로 뛰어나서 좋은 사람이라고 판단하는 게 아니라, 외부의 남들을 헐뜯으면서 상대가 나쁘니 자신은 좋은 사람이라고 착각한다. 반면에 귀족은 삶의 무게중심을 내부에 둔다. 무슨 일이든 스스로 감당하고, 자신이 책임진다. 자신이 더 노력한다면 얼마든지 행복해질 수 있다고 여긴다. 남들과 비교해서가 아니라 스스로 만족스럽기에 자신을 좋은 사람으로 자평한다.

노예는 자신이 하지 못하는 걸 해내는 귀족을 증오한다. 귀족이 전혀 부럽지 않다면 증오하지도 않을 것이다. 그러나 노예는 귀족처럼 자신의 향상을 위해 애쓰지는 않은 채 귀족을 끌어내리고자 저주하고 악담한다.

정리하면, 니체에게 노예란 삶의 동력이 자기 밖에 있고, 남들의 눈치를 보면서 끌려가듯 사는 약자이다. 귀족은 삶을 움직이는 힘이 자기 안에 있고, 자신을 믿고 어련히 삶을 헤쳐가는 강자이다.

노예나 귀족에 딱 들어맞는 사람은 없다. 노예의 성질과 귀족의 성질이 우리 안에 뒤죽박죽 섞여 있다. 어제의 나를 극복하고 더 높은 곳에 당도하고 싶은 우리에게 니체는 주문한다. 노예근성을 솎아내고 귀족의 정신을 곧추세우라고.

나는 삶의 중심을 타인의 시선에 두고 있을까, 아니면 나 자신에게 두고 있을까?

내 안의 '노예근성'을 발견했을 때, 나는 어떻게 대처했을까?

34

목소리가 지나치게 큰 사람은 섬세한 것을 헤아릴 능력이 거의 없다시피 하다.

목소리는 사람과 사람 사이를 이어주는 다리이다. 사람의 마음은 목소리라는 다리를 통해 상대에게 가닿는다. 그래서 우리는 말하기에 앞서 목소리를 가다듬고, 의도한 바를 정확히 전달하고자 발음을 연습하며, 말의 빠르기를 점검한다. 이 밖에도 여러 가지를 살펴야 하는 가운데 니체는 큰 목소리를 경계한다.

평소에 큰 소리로 얘기해야 할 경우는 흔치 않다. 멀리 있는 상대를 부를 때, 시끄러운 장소에서 대화할 때, 운동경기를 응원할 때, 산에 올라가 "야호"를 외칠 때 말고는 딱히 없다. 따라서 말이 커진다는 건, 자신을 돌아보라는 빨간불 신호이다.

목소리가 커지면 뜻이 잘 전달되기는커녕 오히려 역효과만 낳는다. 고래고래 소리를 지를수록 듣는 사람은 귀청이 따가워 거부감이 생기고, 거리감만 커진다. 고함치는 사람치고 인간관계가 원만한 경우는 드물다.

큰소리는 자신이 치미는 감정에 휩쓸렸다는 증거이다. 자신을 다스리지 못할 때 목소리가 커지면서 시야는 좁아진다. 섬세하게 상대를 바라보지 못하고 주변을 헤아리지 못한다. 자기 안에 쌓인 감정을 배설하는 데 급급할 뿐이다. 목소리는 사람과 사람 사이를 이어주는 다리인데, 그 다리로 사랑만이 오가지 않는다. 목소리가 커질 때 분노의 감정이 분뇨처럼 터진다.

목소리 변화에 민감할 필요가 있다. 목소리가 높을 때 우리의 행동은 그악스럽고, 목소리를 낮출 때 우리의 시선은 그윽해진다.

목소리가 지나치게 큰 사람은 섬세한 것을 헤아릴 능력이
거의 없다시피 하다.

내 목소리가 높아졌을 때, 나는 무엇을 잃고 있었을까?

목소리를 낮추었을 때, 상대가 내게 보여준 표정이나 반응은 어땠나?

35

정녕, 자기 자신을 사랑하는 법을 배우기란 단순히 오늘과 내일을 위한 계명은 아니다. 그것은 모든 기술 가운데서 가장 섬세하고 교묘하면서도 궁극적인 기술로서 가장 큰 인내가 필요하다.

삶의 진전을 위해 우리는 각종 시험을 준비하고 응시한다. 공모전에 참가하고, 단기계약직으로 경험을 쌓는다. 사회가 요구하는 능력을 연마하고, 존경받는 전문가가 되려고 노력한다. 살벌한 세상에서 자신의 자리를 마련하고자 분투한다.

문제는, 목표를 설정할 때 눈앞의 이익만을 염두에 두다 보면 낭패를 보기 쉽다는 점이다. 세상은 끝없이 달라지기에 유행하는 기술과 인기 있는 분야가 자주 바뀐다. 이 악물고 취득한 자격증이 금세 쓸모없어지기도 한다. 오랫동안 고생해서 배운 기술이 구닥다리가 될 때처럼 구슬픈 상황도 없다.

니체는 시류에 변하지 않는 궁극의 기술을 소개한다. 바로 나 자신을 사랑하는 법이다. 자기 자신을 사랑하는 법은 가장 섬세하면서도 교묘한 기술로 익히기가 정말 어렵다. 자기 사랑의 달인이 되기까지 엄청난 인내력이 요구된다. 쑥과 마늘을 먹으면서 인간이 되길 바랐던 곰 같은 뚝심 말이다. 자기 사랑을 터득하는 건 몹시 어려우나, 그 결과는 평생 발휘된다.

평소에 우리는 자신을 사랑하지 않는다. 나 자신으로 사는데, 정작 자신이 탐탁지 않다. 왜 태어나서 이렇게 고생하는지 벌컥 화가 난다. 내가 나를 싫어하니 삶이 엉망이다. 이런 삶을 뒤바꾸는 기술이 자기 사랑이다. 자기 사랑으로 나를 쓰다듬고 보듬어서 가다듬으면 놀라운 일이 생긴다. 상처받은 야수처럼 굴던 이가 우아한 웅녀로 변신한다.

처음에 우리 대부분은 자신을 사랑하기 어려워한다. 그러다 의식 수준이 높아질수록 자기를 사랑하지 않기가 어려워진다.

정녕, 자기 자신을 사랑하는 법을 배우기란 단순히 오늘과
내일을 위한 계명은 아니다. 그것은 모든 기술 가운데서
가장 섬세하고 교묘하면서도 궁극적인 기술로서 가장 큰
인내가 필요하다.

태어난 걸 원망해본 순간이 있었나?

최근 나를 사랑한다고 느낄 만한 행동을 한 적이 있을까?

당신이 사랑의 쓰디쓴 잔을 마시고 연거푸 이별하면서 가슴이 찢어졌던 이유는 우선 사랑하는 법을 배우기 위함이었다. 사랑을 배워서 당신은 언젠가 당신 자신을 넘어서서 사랑해야만 한다.

우리의 가슴 한편에 추억의 서랍장이 있다. 그곳은 그리움으로 물들어있다. 서랍장을 열면 마음이 몽실몽실해진다. 지난날이 떠오르면서 이별의 후회가 밀물처럼 차오른다. 소중한 사람을 놓쳐버린 서글픔에 가슴이 미어졌던 적은 누구나 있게 마련이다.

헤어짐에는 여러 이유가 있다. 너무 어렸을 수 있고, 열정이 식었을 수 있으며, 서로 바빠지거나 멀리 떨어져서 만나기 어려운 경우도 생긴다. 이처럼 사랑이 허물어지는 가운데 관계가 깨질 때면 어김없이 등장하는 게 있다. 이기심이다. 이기심은 사랑을 망치는 최강의 적이다.

사랑과 이기심은 반대이다. 이기심에 사로잡혀 있다면 사랑은 어림도 없다. 오로지 이기적으로 상대를 대할 수밖에 없으니 말이다. 이기심을 넘어서야 사랑이 이뤄진다. 사랑은 자기밖에 모르던 사람을 바꿔놓는다. 사랑은 사람을 크게 성장시킨다.

사랑하는 법을 알지 못하는 사람은 계산과 흑심으로 관계를 맺는다. 그래서 이별의 쓴잔을 연거푸 들이마시게 된다. 가슴이 찢어져야만 우리는 달라진다. 억세게 닫혀있던 마음이 부서지면, 그 사이로 바람처럼 들어오는 것이 사랑이다.

이별의 눈물로 얼룩진 과거는 우리를 성숙시키는 시간이었다. 상대방에게 최선을 다하는 법을 배우기 위해 우리는 이별이라는 비싼 수업료를 치렀다. 사랑을 배우면서 우리는 그 악스러웠던 이기심을 차츰차츰 넘어선다.

당신이 사랑의 쓰디쓴 잔을 마시고 연거푸 이별하면서 가
슴이 찢어졌던 이유는 우선 사랑하는 법을 배우기 위함이
었다. 사랑을 배워서 당신은 언젠가 당신 자신을 넘어서서
사랑해야만 한다.

내게 가장 아프게 다가온 이별은 무엇을 가르쳐 주었을까?

사랑 속에서 마주한 내 이기심은 어떤 모습이었나?

세상이 이렇게 저속한 적이 없었고, 사랑과 선의가 이렇게 얄팍해진 적이 없었다. 이 모든 혼란 가운데서 지식인들은 등대나 피난처가 될 수 없다. 그들 자신이 날마다 불안해하고, 주관도 사랑도 점점 잃어버리니 말이다.

세상에는 명성이 자자한 지식인들이 있다. 우리는 지식인들에게 도움을 받고자 그들의 책을 읽고 강연에 참석한다. 그들은 전문용어를 구사하며 복잡한 세상을 해석해준다. 그들의 설명을 들으면 똑똑해지는 기분이 든다. 때로는 우리의 사연에 귀 기울이면서 위로를 건넨다. 우리는 그들을 흠모하며 떠받든다.

그런데 그들이 나를 대신해서 살아주지 않는다. 지식인이라고 해서 세상을 어찌하지 못한다. 지식인들 역시 자신의 삶에서 일어나는 사건들에 당황하고, 황당한 상황에 자주 처한다. 삶이 왜 이 모양인지 알 수가 없어서 혼란스럽기는 매한가지다. 지식인은 세상의 등대가 아니다. 그들도 세상이라는 바다에 내던져진 채 어떻게든 항구를 찾고자 헤매는 쪽배다. 우리와 다를 게 없다.

멀리서 바라볼 때면 지식인이 그럴싸하게 비친다. 하지만 가까이에 갈수록 '빈 수레가 요란하다'는 속담이 떠오른다. 니체 역시 수많은 지식인을 접했다. 우러러볼 인물들이 더러 있었으나 대부분은 이름값을 못 했다. 니체는 알량한 그들과 어울리기를 포기한 뒤, 홀로 책을 읽고 사색했다.

과거에 동경하던 인물이 별로라고 느껴지는 때가 반드시 온다. 실망은 반가운 징후이다. 예전보다 자신의 정신이 높게 상승했다는 방증이기에 그렇다. 마음속으로 모셨던 인물을 한편으로 치우면 한동안 허전하겠으나 그 빈자리는 발달의 동기가 된다. 타인에게 의존하지 않고 자기 자신에게 의지하는 변화가 일어난다.

우리는 오랫동안 수많은 타인을 스승으로 섬기면서 그들을 본받아 성장했다. 이제 스스로 사랑과 슬기를 뿜어내는 지성인이 될 시간이다.

세상이 이렇게 저속한 적이 없었고, 사랑과 선의가 이렇게
얄팍해진 적이 없었다. 이 모든 혼란 가운데서 지식인들은
등대나 피난처가 될 수 없다. 그들 자신이 날마다 불안해
하고, 주관도 사랑도 점점 잃어버리니 말이다.

나는 지금까지 누구를 깊이 존경해왔을까? 그 이유는 무엇이었을까?

나 자신이 누군가의 등대가 될 수 있다면, 나는 어떤 모습으로 서 있고 싶은가?

신은 죽었다. 그리스도교의 신에 대한 불신은 이미 유럽에 그 그림자를 드리우기 시작했다. 적어도 이를 꿰뚫어 볼 만큼 통찰력 있는 사람들은 하나의 태양이 지고 있음을 느끼고 있다.

니체는 개신교 목사의 자식이었다. 당시 풍습에 따르면 목사 집안에서 아들로 태어났으니 목사가 될 운명이었다. 그러나 니체는 자신의 운명을 스스로 개척했다. 종교에 억압을 느낀 니체는 치열하게 종교를 해부한 뒤 유명한 선언을 해버린다. 신은 죽었다.

니체가 보기에 종교인들은 진리를 깨닫기는커녕 진상처럼 된다. 적잖은 종교인이 기복신앙에 갇힌다. 욕망으로부터 자유로워지는 게 아니라 자신의 욕심을 이루게 해달라고 기도한다. 헌금이라는 뇌물을 바치면서 기적이 일어나도록 이기적으로 빈다. 니체의 관점에 따르면, 자신의 꿍꿍이를 위한 주술처럼 종교를 사용하는 꼴이다.

니체는 사람들이 알려고 하지 않고 믿으려 한다고 일침을 가했다. 믿기에 앞서 믿음의 근거를 살피라고 우리를 일깨웠다. 덮어놓고 믿지 말고, 과거부터 내려온다는 이유만으로 따라 하지 말라고 일갈했다.

진지하게 되돌아볼 일이다. 왜 자신이 종교를 갖게 되었는지, 신앙이 정말로 자신을 자유롭고 지혜롭게 해주는지.

오랫동안 인류를 지배하던 거대 종교들의 파급력이 줄어들었다. 하나의 태양이 몰락하면 암흑이 찾아오나 밤이 꼭 절망의 시간만은 아니다. 희붐하게 동이 트면서 머잖아 새로운 태양이 떠오를 것이다. 니체는 새로운 태양을 찾아내려는 사상가였고, 세상을 밝히고자 노력한 인물이다.

진실을 알려고 노력하는 만큼 삶은 환해진다. 막무가내로 믿으려는 자신의 어리석음을 깨뜨려야 한다.

종교란 나에게 어떤 의미인가?

스스로 알려고 하지 않은 채 특정한 교리를 믿어버리면 왜 문제가 될까?

죽을 운명의 인간이 바랄 수 있는 가장 큰 소망이란 무엇일까? 자연이 우리에게 속삭이는 깨달음을 듣고, 그 계몽 속에서 삶의 의미를 발견하는 일이다.

낮과 밤이 줄기차게 교차하면서 세월은 쏜살같이 흘러간다. 영원할 거 같던 청춘은 짧디짧기만 하고 어느새 우리는 중년을 지나 노년을 맞는다. 살수록 살 날이 산 날보다 적어진다. 그 누구도 죽음을 피할 수 없으므로 담담하게 받아들이려고 하나, 무덤에 들어가기 싫은 건 본능이다.

죽음을 앞두고 사람 마음에는 회한이 짙게 남는다. 황천길을 건널 때 더 많은 돈을 거머쥐지 못했다거나 더 많은 사람을 짓이기지 못해 아쉬워하지 않는다. 도리어 친절을 베풀지 못한 걸 안타까워하고, 표현하지 못한 사랑을 후회한다. 뉘우치기에는 너무 늦었다. 뒤늦게라도 현명해지는 순간, 저승사자는 사정없이 우리를 데려간다.

살아 있는 동안에도 주위를 맴도는 죽음 때문에 우리는 약간 위축되어 있다. 죽으면 그동안의 노력이 물거품처럼 사라지는 것 같다. 더구나 가족과 친구를 떠나보내는 건 너무나 힘겹다. 하지만 죽음을 생각하는 일이 꼭 괴로움만은 아니다. 죽음은 우리의 내면을 깊이 찌른다. 정말로 삶에서 소중한 가치가 무엇인지 되돌아보게 해준다.

니체는 죽을 운명의 우리에게 귀를 활짝 열고 계몽에 참여하라고 권유한다. 저 멀리에 있든 바로 코앞에 있든 죽음이 언제 찾아올지 몰라도 결국에 우리는 죽음을 맞는다. 그렇다면 죽음은 정말로 잘 살게 하는 촉매이다. 죽음이 없었다면 시간이 무한하기에 우리는 어정쩡하게 어물쩍거리면서 삶을 형편없이 낭비했을 것이다. 죽음 덕분에 매 순간 벅차오르면서도 자기답게 살고자 박차를 가하게 된다. 삶이 얼마나 귀한지 눈뜨게 된다. 죽음이 선사하는 계몽이다.

죽을 운명의 인간이 바랄 수 있는 가장 큰 소망이란 무엇일까? 자연이 우리에게 속삭이는 깨달음을 듣고, 그 계몽 속에서 삶의 의미를 발견하는 일이다.

죽음을 생각할 때 내 마음속에 가장 먼저 떠오르는 감정은 무엇일까?

오늘이 마지막 날이라면, 나는 누구에게 어떤 말을 꼭 전하고 싶을까?

내가 사람이라는 사실을 견뎌내는 방법은 세 가지다. 나 자신과 세계를 창조하고, 인생이란 무엇인지 수수께끼를 풀며, 내 삶에 찾아드는 온갖 우연을 운명으로 바꾸는 일이다.

동서고금을 뒤져도 삶이 즐겁기만 한 사람은 찾으려야 찾을 수가 없다. 살아오는 내내 꽃길만 걸어온 것 같은 사람도 그 행운이 쭉 이어지지 않는다. 아무리 막아도 반드시 비집고 들어오는 불청객이 고통이다. 그래서 니체는 힘겨운 인생을 견디기 위한 세 가지 방법을 제공한다.

먼저, 자신과 세계를 창조하는 일이다. 삶 자체가 괴로운데, 판에 박힌 대로 살면 더 괴로워진다. 끌려가듯 살면서 괴로울지 아니면 자신의 길을 개척하면서 괴로울지 선택할 수 있을 뿐이다. 어차피 고통스럽다면 자신의 세계를 열어내면서 괴로운 게 훨씬 낫다. 창조를 위해서라면 사람은 역경도 마다하지 않는다. 창조만큼 큰 기쁨이 없으니 말이다.

두 번째 방법은 인생의 수수께끼를 푸는 일이다. 우리는 영문도 모른 채 이 세상에 내던져졌다. 삶이란 신기한 불가사의이다. 고민한다고 당장 답이 뚝딱 튀어나오지는 않지만 생각할수록 삶의 놀라움을 깨달을 수 있다. 인생의 의미를 궁리하는 사람은 생각의 수준이 올라가고, 마음의 지평이 넓어진다.

마지막으로 우연을 운명으로 바꾸는 일이다. 우리는 한낱 우주의 먼지이자 한갓 우연의 산물일지 모른다. 그리고 그렇게 믿는다면 그 믿음대로 잠깐 살아 숨 쉬다가 온데간데없이 사라질 것이다. 반면에 이 모든 걸 운명으로 여길 수 있다. 그러면 삶은 그 자체로 기적이 된다. 알고 지내는 사람들은 모두 인연이고, 일상에서 일어나는 일들은 하나하나 다 운명이다.

사람으로 산다는 것을 어떻게 견디고 있는지 니체가 우리에게 묻는다.

내가 사람이라는 사실을 견뎌내는 방법은 세 가지다. 나 자신과 세계를 창조하고, 인생이란 무엇인지 수수께끼를 풀며, 내 삶에 찾아드는 온갖 우연을 운명으로 바꾸는 일이다.

내 삶에서 아직 풀지 못한 수수께끼는 무엇일까?

우연처럼 다가왔지만 지금은 운명이라 느끼는 일은 무엇인가?

Friedrich Wilhelm Nietzsche

니체가 묻고 내가 답하는 100일 인생문답

41 - 60

3장

고독

폭풍이 불기 전에 고요가 찾아온다.
고독이란 내 삶에 커다란 변화가 일어난다는 예고이다.
고독 속에서 나는 나 자신과 마주하지 않을 수 없다.
고독과 함께 드디어 내가 달라진다.

나는 고독하다. 사랑의 길을 걸어가니 말이다. 나는 나를 사랑하기에 나를 경멸한다. 사랑하는 사람만이 경멸을 알 수 있다. 경멸하기에 사랑하는 사람은 새로움을 창조한다. 경멸하지 않은 사람이 어떻게 사랑을 알겠는가!

세상엔 두 갈래의 길이 있다. 사랑의 길과 미움의 길이다. 사랑의 길을 가면 마음이 탱탱해지고 자신이 커진다. 미움의 길을 가면 마음이 찌그러지고 자신이 작아진다. 날마다 우리 앞에 갈림길이 나타난다. 어디로 가야 할지 뻔하다. 당연히 사랑의 길로 발을 뻗어야 한다.

그러나 생각보다 많은 사람이 미움의 길을 간다. 미움의 길이 쉽기에 그렇다. 툭하면 짜증과 신경질을 내고, 사소한 일에도 낙담하며 투정을 부린다. 습관처럼 타인을 흉보고 자신을 업신여긴다. 미움의 길을 가면 나이가 들어도 완숙하게 무르익기는커녕 좀스럽게 쭈그러든다.

반면에 사랑의 길은 가시밭을 헤쳐가는 일이나 다름없다. 자신과 세상이 사랑스럽지 않은데 사랑하기는 어렵다. 자신을 붙잡고 눈물겹게 씨름하고, 세상과 치열하게 부딪치면서 변화를 일궈야 한다. 사랑의 길을 가는 사람은 고독할 수밖에 없다.

그래서 니체는 사랑과 함께 경멸을 이야기한다. 엉망진창인 자신을 사랑한다며 떠벌리는 건 자신을 사랑하는 게 아니다. 진실에 눈감는 거짓부렁일 뿐이다. 자신을 사랑하기 위해서라도 자신의 문제를 경멸할 줄 알아야 한다. 진정한 사랑의 실천은 경멸하는 것들을 고치는 일이다. 사랑은 입으로 나불거리는 일이 아니다. 사랑이란 새로움의 창조이다.

우리는 자신을 진정으로 사랑하고자 자신의 허물을 경멸한다. 삶을 대폭 수정하면서 언제 어디서든 수정처럼 빛나도록 끝없이 갈고 닦는다.

나는 고독하다. 사랑의 길을 걸어가니 말이다. 나는 나를
사랑하기에 나를 경멸한다. 사랑하는 사람만이 경멸을 알
수 있다. 경멸하기에 사랑하는 사람은 새로움을 갈조한다.
경멸하지 않은 사람이 어떻게 사랑을 알겠는가!

나는 나의 어떤 점을 경멸하는가?

나는 나 자신을 사랑한다고 자신할 수 있을까?

42

우리는 성장한다. 꾸준히 달라진다. 케케묵은 껍질을 하나씩 벗어버린다. 해마다 봄이면 새로운 껍질을 입는다. 갈수록 더 젊어지고, 신선한 포부를 품는다. 우리는 더 높아지고, 더 강해진 존재가 되어간다.

니체만큼 오해받은 인물도 드물다. 살아생전에 제대로 평가받지 못했던 그는 죽고 나서도 반유대주의자라거나 나치의 사상가라고 매도당하는 일이 흔했다. 그렇지만 니체는 유대인을 미워하지 않았다. 도리어 여동생이 유대인 혐오자와 결혼할 때 두 손 들고 말렸다. 니체는 유대인을 반대한 게 아니라 유대인을 맹목적으로 증오하는 사람들을 반대했다.

나치의 사상가도 아니었다. 인간이 국가에 함몰되는 것을 니체는 극도로 경계했다. 사람을 국가의 부속품으로 만들어버리는 나치를 알았더라면 구역질했을 것이다. 니체는 우리 각자가 향상되어서 삶을 오롯이 즐기길 원했다. 사람을 더 나아지도록 촉발하는 일이야말로 그의 가슴에서 들끓던 목표였다.

자기답게 사는 사람은 반드시 타인들로부터 오해받게 된다. 그렇지만 오해받는 걸 니체는 근심하지 않았다. 오히려 타인이 자신을 다 알아버리는 걸 걱정했다. 사람들이 나를 파악했다는 건 내가 뻗어 나가지 못한 채 제자리걸음하고 있다는 증거이니 말이다. 발전하는 존재는 의혹의 눈초리를 받을 수밖에 없다. 곡해받고 헐뜯기는 것이 우리의 운명이라고 니체는 기록했다.

타인들이 나를 이해하지 못한다고 해서 시무룩할 거 없다. 그들의 눈이 휘둥그레지도록 성장하면 될 일이다. 우리는 새로워지고, 더 젊어지고, 높아지고, 강해질 운명이다. 환하게 웃고 있을 앞날이 눈에 선하다. 수군거림 따위는 가뿐히 떨쳐버린다. 우리는 당차게 전진한다.

우리는 성장한다. 꾸준히 달라진다. 케케묵은 껍질을 하나
씩 벗어버린다. 해마다 봄이면 새로운 껍질을 입는다. 갈
수록 더 젊어지고, 신선한 포부를 품는다. 우리는 더 높아
지고, 더 강해진 존재가 되어간다.

나는 왜 남들에게 오해받는 걸 그렇게 신경 쓸까?

혹시 지금 나는 오해받는 걸 걱정하느라 내 성장을 멈추고 있지는 않을까?

43

허영심이 들끓는 사람은 칭찬이라면 뭐든 좋아한다. 그 칭찬이 유익한지 아닌지 참인지 거짓인지 살피지 않는다. 마찬가지로 자신에 대한 험담이라면 무조건 괴로워한다.

영화 〈데블스 에드버킷〉은 인간의 심리를 파고든 명작이다. 영화의 주인공은 맡은 사건마다 승소하는 유능한 변호사이다. 그런데 자신의 의뢰인이 학생을 상대로 성범죄를 저질렀다는 사실을 재판 중에 알게 되었다. 변호사는 현란한 변론으로 무죄를 받게 해야 하는지 아니면 진실을 알려서 처벌받게 해야 하는지 선택의 갈림길에 선다.

결국 자신의 명성을 위해 피해자의 신빙성을 떨어뜨려서 무죄를 받게 한다. 그러자 수상한 자본가가 거액을 들여 그를 채용한다. 변호사는 돈방석에 앉지만, 삶의 소중한 것들을 잃어버린다. 나중에 또다시 선택의 기로에 서게 되는데, 이번에는 성범죄자의 변호를 포기하고 양심선언을 한다. 재판에서 패배했으나 대중의 환심을 사고, 수상한 기자가 칭찬하면서 대담을 요청한다. 들뜬 표정으로 수락하자 수상한 기자는 이렇게 말한다. 허영심은 자신이 제일 좋아하는 기호품이라고.

영화 속에서 수상한 자본가와 수상한 기자는 모두 악마이다. 악마는 우리 안의 어둠을 머금고 자라나고, 어둠 가운데 둘째가라면 서러운 어둠이 허영이다. 인생을 휘청이게 만드는 후회는 대부분 허영 때문에 벌어진다. 허영에 취할수록 마음은 허전해지고 정신상태는 허름해지며 목표를 이루려는 의지는 허접해지고 인생은 허망해진다.

니체는 우리가 타인의 평판에 예속되어 있다면서 허영심을 저격한다. 우리는 남들이 무슨 말을 하는지 너무나 궁금해한다. 내용에 상관없이 알랑거리면 헤벌쭉 웃지만, 진중하게 문제점을 지적하면 인상을 찌그러뜨린다. 타인의 말 한마디에 기분이 팔랑거린다. 타인의 입김에 오르락내리락하는 꼴이다.

허영심은 나 자신을 좀먹는다. 더 나은 사람이 되려면 반드시 허영심을 극복해야 한다.

허영심이 들끓는 사람은 칭찬이라면 뭐든 좋아한다. 그 칭찬이 유익한지 아닌지 참인지 거짓인지 살피지 않는다. 마찬가지로 자신에 대한 험담이라면 무조건 괴로워한다.

나는 나의 허영심을 얼마나 알고 있을까?

허영 때문에 삶이 허무해진 적이 있을까?

44

허영심에 사로잡힌 사람은 훌륭한 배우처럼 된다. 그들은 자신을 보아줄 관객을 원하고, 타인의 시선을 의식해서 연기한다. 그들의 바람은 '진짜 삶'이 아니다. 오직 타인의 주목, 그것이 전부다.

나름의 처세 전략을 니체가 제시한 적이 있다. 상대에게 허영심이 가득하다면 거리를 두고 너그럽게 대하라는 지침이다. 허영심이 있는 사람과 긍지가 있는 사람은 전혀 다르게 반응하니 상대가 어떤 사람인지 헤아려서 대하라고 도움말을 건넨다.

자신에 대한 긍지가 있으면 짓궂게 놀리더라도 웃으면서 넘긴다. 그들은 궁지에 몰려 긍지가 좀 꺾이더라도 역정을 내지 않는다. 자신을 담금질하며 더 강해진다. 이전의 긍지보다 더 좋은 것이 자라난다. 반면에 허영은 풍선과 같아서 커지면 커질수록 작은 핀잔에도 쉽사리 뻥 터진다. 허영심이 많은 사람은 상처를 쉽게 받고, 앙심을 품는다. 상처받은 허영심이야말로 모든 비극의 어머니라고 니체는 촌평한다. 상처받은 허영심은 용서를 모른다.

허영심에 취하면 타인보다 나은 사람이 되고자 분발하기보다는 타인의 단점을 매섭게 찾는다. 상대를 깎아내리면서 자신이 우월한 것처럼 우쭐거린다. 남들의 눈에 그럴싸하게 비치길 원하는 마음이 허영이다. 허영심에 사로잡히면 즐겁고 자유롭게 사는 게 아니라 즐겁고 자유로운 척하게 된다. 삶을 조작하고 연출하고 흉내 낸다. 비록 남들에게 부러움을 살 수 있을지는 몰라도 부끄러움은 늘 자신의 몫이다.

흔히들 누군가를 부러워하며 자신을 부끄러워한다. 부러움과 부끄러움은 부드럽지 않게 뒤엉켜 우리의 마음을 부러뜨린다. 부러움과 부끄러움 모두 허영의 산물이다. 허영으로 가득한 삶은 허무해진다.

허영심에 사로잡힌 사람은 훌륭한 배우처럼 된다. 그들은 자신을 보아줄 관객을 원하고, 타인의 시선을 의식해서 연기한다. 그들의 바람은 '진짜 삶'이 아니다. 오직 타인의 주목, 그것이 전부다.

나는 왜 사람들 앞에서 그럴싸해 보이려 애쓰는 걸까?

최근에 나는 내 허영심 때문에 연기한 적이 있었을까?

삶이 오염되고 정신이 부패한 자들은 사회에 해독을 끼친다. 그들은 간단하게 "자신이 가치가 없다"고 말하지 않는다. 외려 "모든 게 가치가 없다"고 말한다.

세상엔 해로운 사람들이 있다. 그들은 발칙하게도 허무를 퍼뜨린다. 모든 게 덧없다면서 주위를 칙칙하게 덧칠한다. 그들과 함께 있으면 가슴이 휑뎅그렁해진다.

얄궂은 일이다. 모든 게 덧없으면 자기가 하는 말도 덧없을 텐데, 굳이 덧없는 말을 자꾸 뱉어낸다. 모든 게 덧없다는 그들의 말은 덫이다. 그들과 시간을 보낼수록 생기가 쪽쪽 빨린다. 촉촉했던 마음은 메마르고, 끓어오르던 의욕은 시들시들해진다. 그들은 모든 게 부질없다고 깔아뭉개지만 정작 부질없음을 전파하려는 자신의 욕망을 부질없게 여기지 않는다. 모든 게 헛되다는 자신의 믿음을 억척스레 신봉한다. 허무를 지독하게 욕망하는 모습이다. 그들은 허무를 전염시키면서 허무한 세상이 되기를 바라마지 않는다. 공허를 전염시키는 그들이야말로 공해이다.

니체는 이렇게 퇴폐한 자들을 멀리했다. 그들은 자기 삶에 가치가 없다고 토로하지 않는다. 그 대신에 가치 있는 건 아무것도 없다는 식으로 지껄인다. 실상은 자신이 무가치한데 세상이 무가치하다고 우긴다. 퇴폐한 자는 자신이 곧 세계의 전부이다. 그만큼 허무를 퍼뜨리려는 사람은 어마어마한 허영심을 갖고 있고, 그 허영심에 생채기가 생겨 허무를 욕망하게 된 것이다.

지성이 오염된 이들은 자신의 삶이 무가치하다고 솔직하게 인정하지 못한다. 진실이 아프기에 외면하는 상태야말로 정신의 부패이다. 푸념할 시간에 가치 있는 일을 한다면 해무처럼 짙게 깔린 허무가 조금이라도 잦아들 텐데, 그들은 그저 비아냥거릴 뿐이다.

허무한 이들과 가까워져봤자 허무할 뿐이다. 삶의 가치를 높이려는 이들과 사귀어라.

삶이 오염되고 정신이 부패한 자들은 사회에 해독을 끼친
다. 그들은 간단하게 "자신이 가치가 없다"고 말하지 않는
다. 외려 "모든 게 가치가 없다"고 말한다.

정신이 부패한 사람들이 내 주변에 얼마나 있을까?

나는 허무를 퍼뜨리는 이들에게 어떻게 반응하고 있을까?

나를 띄우는 자는 마치 자신이 좋아서 하는 것처럼 꾸며대지만 사실은 더 많은 걸 받아낼 속셈으로 아부를 떤다.

역사를 뒤져보면 어리석은 왕들이 득시글댄다. 그들은 오만했고, 편견이 옴팡졌으며, 성정이 거칠었고, 욕심이 많았으며, 자주 술에 취했다. 하지만 막무가내로 굴어도 그 누가 제지하지 못했다. 비판은커녕 성군이라며 아첨하는 무리가 주위를 에워싸고 있었다.

현대가 되면서 제멋대로 권력을 휘두르는 왕이 사라졌어도 여전히 세상 곳곳에는 권력자들이 도사린다. 우리는 권력자의 귀에 거슬리는 말을 하기보다는 비위를 맞추게 된다. 권력자가 예뻐하면 콩고물이 떨어지고, 밉보이면 콩가루가 되니 말이다. 사랑으로 우러난 말보다는 상대에게 살랑거리는 말을 하게 되는 이유이다.

상황에 따라 나 역시 누군가에게 권력자이거나 이용하고 싶은 사람이 된다. 교묘하게 사탕발림하는 이들이 주변에 나타난다. 보약이 입에 쓰듯 쓴소리가 필요하다는 걸 알더라도 우리는 달가워하지 않는다. 비행기 태워주는 사람에게 마음이 간다.

문제는 상대가 정말 순수하게 나를 좋아해서 띄어주지 않는다는 점이다. 분명히 무언가 노리는 게 있다. 괜히 헛바람을 불어넣는 사람이 있다면 빼먹을 게 있거나 지금보다 더 많은 걸 받아내려는 수작일 가능성이 크다.

어리석은 사람 주변에는 알랑방귀를 뀌는 이들이 꼬이게 마련이다. 언뜻 칭찬하는 것 같지만, 알고 보면 비하나 다름없다. 상대가 어벙해서 이렇게 조종할 수 있다는 의도가 아부에 담겨 있으니까.

나는 어떤 아부를 듣고 싶어 할까?

나는 쓴소리와 단소리 중 어느 쪽에 더 마음이 갈까?

자신의 도덕성이나 선함을 과시하기 위해 용쓰는 사람들을 경계하라! 그들은 한 번이라도 우리 앞에서 잘못된 일을 저지르면 우리를 결코 용서하려 들지 않는다.

선행을 뽐내는 이들이 있다. 악행을 일삼으면서 으스대는 이들보다야 백번 천번 낫기는 하다. 그럼에도 선행을 자랑하는 이들에게 거리를 두라고 니체는 조언한다. 왜 그럴까?

진정으로 선한 사람이라면 자신의 선행을 밝히지 않는다. 그들은 선행 자체로 기쁨이라는 보상을 받는다. 반면에 선행을 전시하려는 이들은 선행 자체에서 보람을 얻지 않는다. 남들의 칭송을 원한다. 그에게 선행은 주목받기 위한 장신구에 지나지 않는다.

법 없이도 산다면서 떠벌리는 사람은 정말로 법 없이도 사는 모범시민이 아니다. 법 없이 산다는 자신을 우러르는 관객들이 있어야 하는 관심종자이다. 자신의 선행과 도덕성을 대놓고 홍보하는 사람은 위험하다. 남들이 알아주지 않으면 얼마든지 변질될 수 있으니 말이다.

인정욕구 때문에 선행을 하는 사람은 실수나 문제가 발생했을 때 자책하지 않는다. 자신의 흠을 알게 된 사람을 공격한다. 도덕성으로 우월함을 얻으려 했던 만큼 자신의 흉이 까발려진 사태를 참지 못한다. 문제를 일으킨 자신을 미워하는 게 아니라 그런 자신을 목격한 사람을 미워한다.

세상에는 자신의 결점을 개선하지 않은 채 들통나지 않는 데 주력하는 사람들이 있다. 그들은 도덕성과 선함에 집착한다. 그들에게 도덕이란 자신의 볼썽사나운 민낯을 감추려는 화장품이니까.

자신의 도덕성이나 선함을 과시하기 위해 용쓰는 사람들
을 경계하라! 그들은 한 번이라도 우리 앞에서 잘못된 일
을 저지르면 우리를 결코 용서하러 들지 않는다.

내 주변에 도덕성을 지나치게 강조하는 사람은 누구일까?

그 사람은 정말로 도덕적일까?

강해 보이는 사람도 타인들의 싸늘한 눈총과 쑥덕거림을 두려워한다. 왜 우리는 불안해하면서 움츠러드는 걸까? 고립 때문이다. 우리 내면에는 무리를 지으려는 본능이 있다. 그리고 그 본능은, 무엇보다 고립을 두려워한다.

옛날 옛적부터 인류는 함께 번영했다. 패거리를 지어 돌아다녔고 협력해서 생산했으며 옹기종기 밥을 먹었고 더불어 잠을 잤다. 혼자서는 할 수 없는 일을 집단은 할 수 있었다. 오늘날에야 얼마든지 홀로 살 수 있으나 머나먼 과거를 떠올려보라. 혼자라는 건 죽음을 의미했다. 추방은 사형선고와 다름없었다.

인간관계가 생존에 직결됐던 기나긴 시간을 거친 결과, 우리는 관계에 아주 민감하다. 타인으로부터 홀대받는 느낌이 조금만 들어도 괴롭다. 이건 더 큰 고통을 방지하기 위해 생기는 고통이다. 관계가 깨져서 혼자가 되면 생명이 위험했으므로, 혼자가 되는 걸 어떻게든 방지하려는 본능이 작동한다. 이런 본능으로 말미암아 관계가 끊길 때 손마디가 끊어지는 것 같은 고통에 시달린다.

그 누구도 고립을 원치 않는다. 인간은 사회성이 매우 발달한 동물로서 타인과 어울리기를 원한다. 타인과 함께할 때 즐거움이 생긴다. 과거로부터 물려받은 자연스러운 특성인데, 바로 이런 속성이 우리를 구속한다. 대범하게 혼자 시간을 보내려 하기보다는 억지로라도 남들과 섞이려 한다. 무리해서라도 무리를 짓는다.

떼를 지어 다니려는 습성은 때를 벗겨내듯 단번에 씻어낼 수 없다. 더구나 타인과 어울리려는 본성은 우리가 성장하는 데 여러모로 도움이 된다. 타인을 통해 많은 걸 배우기에 우리는 다양한 사람과 두루두루 어울릴 필요가 있다. 그럼에도 우리의 목적은 남들과 노닥거리며 노는 것이 아니다. 자기 삶의 주인이 아닌 타인의 눈치를 보는 허수아비가 되면 인생의 상당 부분을 허비하게 된다. 사람들을 왜 만나고, 만나서는 어떻게 시간을 보내는지 한 번쯤 되짚어볼 일이다.

혼자 있을 때 나는 편안한가? 두려운가?

나는 외로움을 피하려고 사람들을 만나는가? 성장하려고 만나는가?

49

고독이란 누군가에게는 병자의 도피이다. 또 다른 누군가에게는 병자들로부터의 도피이다.

인생이란 기묘하게 변동한다. 내향성이라 혼자서 잘 놀던 사람이 수많은 타인과 붙어 지내야 하는 상황에 놓이고, 외향성이라 나돌아다니기를 좋아하던 사람이 집돌이와 집순이가 되는 때가 찾아온다. 내향성이든 외향성이든 결국 우리는 혼자서도 잘 지내야 하고, 남들과도 어우렁더우렁 섞여야 한다.

현대 사회는 외향성을 부추긴다. 세상이란 무릇 인간관계를 통해 돌아가기에 외향성의 사람들이 번성한다. 사회는 사람들로 북새통이고, 한 사람 한 사람의 진가를 알기까지는 시간이 오래 걸린다. 묵묵하게 자기 할 일하는 사람보다는 호들갑스레 자기를 노출하는 사람에게 눈길이 가다 보니, 외향성의 사람들이 유명해지고 출세한다.

이처럼 외향성이 득세하면서 내향성의 사람들은 설 자리가 좁아진다. 여러 사람과 어울리는 데서 재미를 느끼지 못하는 사람은 유난스럽게 여겨지고, 따가운 눈총마저 받는다. 물론 사람을 멀리하는 건 마음이 병들어서일지 모른다. 니체의 말마따나 고독이란 병자의 도피일 수 있다. 사람들을 견디지 못할 만큼 병든 사람은 사람들로부터 도망친다.

그렇지만 고독이 꼭 병자의 도피만은 아니다. 니체는 병자들로부터의 도피일 수 있다고 간파한다. 세상에는 유익한 이들도 있으나 유독한 이들도 있다. 그들에게 둘러싸여 기 빨릴 바에는 차라리 유유자적한 하루가 훨씬 낫다. 기운을 좀먹는 이들과 있었다면 반드시 홀로 있으면서 재충전하는 시간을 마련해야 한다.

강자는 호젓이 혼자 있을 수 있다. 약자가 어떻게든 패거리를 지으려고 한다면, 강자는 무리에 들어가는 게 유리한 상황에서도 홀로 지내는 배짱이 있다.

내가 선택한 고독은 도피일까, 아니면 회복일까?

혼자 있는 시간을 통해 나는 어떤 새로운 힘을 얻을 수 있을까?

50

당신은 노예인가? 그럼 누군가의 동무가 될 수 없다. 당신은 폭군인가? 그럼 당신은 벗을 사귈 수 없다.

니체의 파급력은 현대에까지 이어진다. 수많은 사상가가 니체의 글을 읽고 재해석하면서 자신의 철학을 자아냈다. 니체의 내로라하는 여러 후계자 가운데 프랑스의 철학자 미셸 푸코는 수많은 이들에게서 주목받았다. 미셸 푸코는 인문학계의 거목이었다. 강연하는 곳마다 인파를 이뤘고, 학계 논문 인용횟수에서 여전히 다른 학자들을 압도한다.

미셸 푸코는 권력이 어디에나 있다고 통찰했다. 과거에는 청와대나 국정원이나 검찰이나 경찰이나 대기업이나 언론사 같은 곳에 권력이 있다고 여겼다. 그러나 푸코는 이러한 통념을 깨뜨리면서 권력이 어디에나 퍼져있다고 주장했다. 상사와 부하직원 사이에서는 말할 것도 없고 부모와 자식이나 교사와 학생 사이에서도 권력이 작동한다. 심지어 친구 사이에서도 권력이 도사린다.

친구 사이라면 평등할 것만 같다. 그렇지만 살면서 누구나 겪어봤듯이 친구 사이에서도 권력이 미묘하게 꼼지락거린다. 눈빛을 포개며 흐뭇하게 어깨동무한 사이는 드물다. 어느 한쪽이 관계를 주도하고, 다른 한쪽이 눈치를 보게 된다.

니체는 우리의 관계를 돌아보게 만든다. 나 자신이 노예라면 동무를 가질 수 없고, 폭군이라면 벗을 사귈 수 없다. 우리는 노예가 되어서도 안 되지만, 폭군이 되어서도 안 된다. 발밑에 엎드린 사람과는 동무가 될 수 없고, 타인을 함부로 내려치는 사람과도 교제할 수 없다. 그러므로 위로 함께 올라가려는 사람끼리만 친구가 될 수 있다. 우정은 현실에서 귀하다.

진정한 친구란 상승하겠다는 뜻을 더불어 나누는 관계이다.

혹시 나는 노예처럼 눈치를 보거나 폭군처럼 상대를 누른 적이 있지 않았을까?

우정이라 믿었던 관계가 사실은 불평등했음을 깨달은 순간이 있었을까?

51

진정한 동무를 원한다면 상대방을 위해 기꺼이 전쟁을 감수할 각오까지 해야 한다. 전쟁을 치르려면 벗의 적이 될 수 있어야 한다.

니체에게 친구란 심심할 때 연락해 만나 시간을 때우는 사람이 아니었다. 자신을 향상하도록 심오하게 자극하는 동반자가 친구였다. 그의 관점으로 보면, 세상에 친구라고 불리는 사람이 많아도 진정한 친구는 흔치 않다. 니체는 음악가 리하르트 바그너 부부와 친밀하게 교류하다가 교제를 끊었는데, 그 까닭도 바그너가 저속해졌다고 느꼈기 때문이다.

진정한 친구 사이에서는 신선한 전류가 흐른다. 둘은 서로를 존중하며 경의를 표한다. 존경할 만한 사람이 되고자 같이 노력하는 가운데 서로 본받을 구석이 있을 때 진정한 사귐이 이뤄진다. 또, 서로가 부싯돌처럼 화끈하게 부딪치는 부분이 있어야 한다. 동무와의 마찰을 통해 마음에 열기가 지펴지면서 함께 달아오를 수 있다.

인간은 천차만별이기에 친구 역시 나와 다르다. 맞지 않는 부분이 있을 수밖에 없다. 그렇다고 반감을 품고 아웅다웅하는 건 기운만 빠질 뿐이다. 해묵은 갈등이 아니라 서로의 허물을 벗겨내는 전쟁을 벌일 필요가 있다. 벗과 자신을 위한 전쟁, 더불어 성장하는 전쟁 말이다.

니체는 벗 안에서도 최강의 적을 발견하라고 충고한다. 최강의 적은 손쉽게 무찌를 수 없다. 젖먹던 힘까지 써도 아슬아슬하다. 그런데 수십 번의 연습보다 한 번의 실전에서 우리는 더 많은 걸 배운다. 자신의 모든 걸 내걸고 결투하면 우리는 이전보다 훨씬 강해진다.

최강의 적이 벗 안에 있기에 상대가 더없이 가까우면서도 한없이 멀게 느껴진다. 이 거리를 넘나들기 위해 우리는 자기 안의 잠재력을 끄집어내어 상대와 나란히 나아간다. 우정은 진하게 영글어간다.

진정한 동무를 원한다면 상대방을 위해 기꺼이 전쟁을 감
수할 각오까지 해야 한다. 전쟁을 치르려면 벗의 적이 될
수 있어야 한다.

나에게 진정한 우정이란 어떤 모습일까?

나는 친구를 위해 갈등이나 마찰까지 감수할 용기가 있을까?

52

우리는 전쟁할 만한 적을 찾아내어야 한다. 비록 패배할지라도 나의 생각과 그릇과 세계가 향상되는 전쟁이 때때로 필요하다.

과거에는 전쟁에 대한 낭만이 드리워져 있었다. 국운을 걸고 승패를 겨루던 전쟁 소식에 많은 이들의 가슴이 두근거렸다. 전쟁을 통해 영웅이 탄생했고, 대중은 열광했다. 예전 문헌을 조금만 뒤져봐도 전쟁을 예찬하는 글이 차고 넘친다.

전쟁의 낭만은 어느 정도 이해할 만하다. 전쟁으로 말미암아 일상의 권태가 스러지고 활력과 각성이 생겨나니 말이다. 더구나 19세기까지만 해도 전쟁의 피해가 막심하지 않았다. 쌍방의 군대가 전투를 벌이면 승패가 결정되었고, 사상자는 거의 군인들이었다. 이런 판도가 1차 세계대전을 겪으면서 송두리째 바뀐다. 민간인 사상자가 걷잡을 수 없이 늘어났고, 전방과 후방을 가리지 않고 온 나라가 잿더미가 되었다.

나쁜 평화가 좋은 전쟁보다 낫다는 말처럼, 전쟁은 인간이 겪을 수 있는 최악의 체험이다. 전쟁의 참상은 그야말로 지옥을 방불케 했다. 전쟁할 만한 적을 찾아내라는 니체의 문장에 반감이 느껴지는 배경이다. 니체는 19세기 사람이라 세계를 초토화하는 현대전을 겪지 못했다. 전쟁이 나자, 그는 굳이 자원해서 싸움터로 떠났다.

집단과 집단이 부딪치는 전쟁은 사라져야 할 것이다. 그렇지만 개인과 개인의 전쟁은 없어질 수가 없고, 필요할 때마저 있다. 우리가 언제 정말 생생하게 깨어 있냐면 타인과 경쟁할 때이다. 최선을 다해 멋있는 상대와 격돌할 때 우리는 두드러지게 향상된다. 내 안에 숨겨져 있던 힘이 뿜어진다.

편안하게 살려는 우리에게 적을 싫어하며 피할 게 아니라, 존경할 만한 적을 찾으라고 니체는 속삭인다. 찬밥처럼 식어버린 심장을 달구려면 자신을 뒤흔들며 일깨울 맞수가 필요하다.

누군가와 부딪혀 한계를 넘어섰던 그때, 나는 정말 달라졌을까?

지금 나를 긴장시키고 일깨우는 존경할 만한 맞수가 주변에 있을까?

괴물과 싸우는 사람은 괴물과 뒤엉키는 과정에서 자신이 괴물이 되지 않도록 각별하게 주의해야 한다.

우리의 삶은 팍팍한 경쟁이다. 경쟁은 난자와 정자가 결합할 때부터 시작되었다. 그 이후로도 학교 성적부터 운동회 달리기까지, 대학입시부터 취업까지, 연애부터 결혼까지, 주택마련부터 자식 뒷바라지까지 생애 내내 치열하게 이뤄진다.

지고 싶은 사람은 아무도 없으나 모두가 앞서갈 수 없다. 경쟁이 공정했다면 뒤처진 현실을 순순히 받아들이겠으나 세상의 경쟁이 모두가 승복할 만큼 공명정대하지는 않다. 비리와 짬짜미가 난무하고, 편법과 불법이 기승을 부리기도 한다.

경쟁은 괴물을 만든다. 승리를 위해 물불 안 가리고, 악착같이 달려들다 보면 괴물이 되어버린다. 경쟁하며 살아가는 우리 앞에 괴물이 출몰할 수밖에 없는 세상이다. 괴물을 물리치지 않고는 앞으로 못 나가는 경우가 꼭 생긴다. 괴물은 나를 가로막고, 나와 실랑이하며 드잡이한다.

문제는 괴물과 악다구니를 벌이면서 우리도 괴물처럼 되어간다는 점이다. 괴물을 무찌르고자 괴물보다 더 무참해진다. 괴물에게 덤비는 사람은 자신이 싸우는 이유를 명심해야 한다. 왜 부딪치는지 까먹은 채 그저 이겨 먹으려고 든다면 자신의 마음이 짓이겨질 테니 말이다. 괴물과 싸울 때 정말 조심해야 한다는 니체의 신신당부는 독일의 극작가 베르톨트 브레히트의 통찰과 맥락을 같이한다. 무시무시한 파시즘을 겪었던 브레히트는 단순히 파시즘만 비판하지 않았다. 그는 이렇게 말했다. 파시즘 최악의 유산은 파시즘과 싸운 자들의 내면에 파시즘을 남기고 사라진 것이라고.

수많은 경쟁에서 승리했어도 괴물이 되었다면, 그것이야말로 가장 끔찍한 패배이다. 세상엔 눈앞의 승리라는 미끼를 물어서 가장 끔찍한 패배를 겪는 사람들이 너무나 많다.

괴물 같은 현실이나 사람과 맞부딪쳤을 때, 나는 어떤 마음으로 싸웠을까?

문득 내가 괴물이 되어가고 있다고 느낀 적은 없었을까?

54

앞으로 나는 추한 것들과 싸우지 않으련다. 성질내면서 야단치는 데 기운을 쓰지 않으련다. 나를 깎아내리는 이들도 나무라지 않으련다. 그저 눈길을 살그머니 돌릴 것이다. 나는 긍정하는 사람이 될 것이다.

너무나 다른 사람들과 함께 사는데, 적적함만이 감돈다면 그게 더 으스스한 일이다. 겉보기에 아무런 말썽이 없어 보여도 실제로는 비가시적인 폭력이 자행되고 있을 때 조용하기 때문이다. 건강한 사회는 시끄럽다. 사람과 사람이 모이면 다툼은 예정되어 있다. 억지로 대립을 막으면 더 큰 문제가 생긴다. 각자 의견을 내고, 옥신각신하는 건 자연스럽다. 충돌은 더 높은 수준에서 통합하기 위한 필수 과정이다.

인생은 갈등으로 점철되어 있다. 우리는 어려서부터 가족들과 대립했다. 학교에서도 급우들과 사이좋게 지내지만 않았다. 그런데 마찰이 꼭 나쁘다고 단정해서는 안 된다. 우리는 수많은 격돌을 통해 성장했고, 세상을 배워나갔으니 말이다.

사는 동안 다툼이 없을 수는 없다. 어떻게 싸울 수 있느냐를 선택할 수 있을 뿐이다. 유치한 사람들은 마구잡이로 주먹을 휘두르고, 집요하게 말꼬리를 잡으며, 야비하게 인신공격한다. 진흙탕 개싸움을 하듯 서로 망가진다. 더 이상 그러지 않겠다고 니체는 다짐했다. 추한 것들과 추하게 싸우다가 추해지는 것만큼 추한 일도 없다.

그동안 우리는 충분히 싸워왔다. 앞으로 더 큰 싸움이 남아 있겠으나 자잘한 시비에는 한 발 비켜나는 태연함을 갖출 필요가 있다. 니체 역시 누군가가 모함하더라도 좋은 쪽에만 관심을 두겠다고 결심했다. 좋은 것들만 곁에 두고 삶을 긍정하며 향유하기에도 인생은 몹시 짧다.

쓰레기를 소각용 봉투에 담은 뒤에는 뒤적이거나 곁에 두어서는 안 된다. 꽁꽁 묶어 밖에다 버리고는 할 일을 해야 한다.

앞으로 나는 추한 것들과 싸우지 않으련다. 성질내면서 아

단치는 데 기운을 쓰지 않으련다. 나를 깎아내리는 이들도

나무라지 않으련다. 그저 눈길을 살그머니 돌릴 것이다.

나는 긍정하는 사람이 될 것이다.

추한 것들과 맞서 싸우느라 오히려 내 모습이 추해졌던 적이 있었나?

갈등이나 모험 속에서도, 좋은 것에만 시선을 두려 애쓴 경험이 있었나?

55

세상에서 보기 드문 절제력이 있다. 바로 누군가를 판단하지 않고, 그 사람에 대한 평가를 삼가는 일이다. 타인을 쉽사리 재단하지 않는 건 결코 사소하다고 할 수 없는 인간미의 표시이다.

제인 오스틴은 영미권에 큰 영향을 끼친 소설가이다. 여러 작품이 오랫동안 애독되는 가운데 오스틴의 대표작 『오만과 편견』은 문학사의 명저로 손꼽힌다. 이 책은 영화로도 연거푸 제작됐고, 앞으로도 사람들은 이 책을 읽으면서 인간관계를 음미할 것이다.

『오만과 편견』을 단순하게 간추리면, 남주인공의 오만과 여주인공의 편견을 다루는 소설이다. 오만한 남주인공의 첫인상에 여주인공은 편견을 강하게 갖는다. 오만하고 편견에 사로잡힌 남녀가 잘 될 리가 없다. 그런데 이건 바로 우리의 모습이다. 우리가 오만과 편견으로 타인을 대하기 때문에 이 소설은 독자들에게 폭넓은 공감을 얻었다.

소설의 주인공들처럼 우리는 오만하고, 편견에 갇혀 타인을 지레짐작해버린다. 외모, 옷차림, 학력, 직업, 사는 곳에 근거해서 어떤 사람일 거라고 단정한다. 우리의 예상이 틀리지 않을 수도 있다. 그러나 그동안 겪은 숱한 오해와 갈등은 우리의 오만과 편견에서 비롯되었음을 잊지 말아야 한다.

그래서 니체는 타인을 함부로 재단하지 않는 절제력을 권장한다. 그 누구도 타인판정 자격증을 취득하지 않았다. 나도 나를 다 모르는데, 단편적인 정보만으로 타인을 온전하게 알기란 어림도 없는 일이다. 그렇다면 누군가에게 불미스러운 의혹이 제기되더라도 다짜고짜 송곳니를 드러내며 물어뜯기보다는 의혹이 확정될 때까지 판단을 유보하고 지켜보는 편이 현명하다. 입방아를 찧는 사람치고 끝이 좋은 사람을 찾아보기 어렵다.

타인을 넘겨짚을수록 오만과 편견은 심해지고, 오만과 편견은 인생을 파국으로 끌고 간다.

겉모습이나 첫인상에 갇혀, 누군가를 제대로 보지 못한 적이 있었나?

지금 내 주변에서 내가 더 마음을 열어야 할 사람은 누구일까?

56

되도록 앉아 있지 말라. 집 밖에서 자유롭게 움직이면서 생겨나지 않은 생각은 무엇이든 믿지 말라. 근육이 춤추듯 움직이는 생각이 아니면 믿지 말라. 모든 편견은 내장으로부터 비롯된다.

세계보건기구는 오래 앉아서 생활하면 문제가 생긴다며 '의자병'을 경고했다. 하루의 상당한 시간을 의자에서 보내는 사람일수록 의자병에 취약하다. 의자병은 허리와 목의 통증, 거북목, 치질, 심혈관 질환, 당뇨병, 심지어 비만까지 유발한다.

현대인은 지나치게 앉아 있다. 기나긴 세월을 공부한다는 명목으로 책상에 앉아 있을 수밖에 없고, 사회생활을 할 때도 앉아서 일하는 사람이 부지기수이다. 하릴없이 앉더라도 되도록 움직이려고 애를 써야 한다. 앉아 있기만 하면 허리와 목뼈가 뒤틀릴 뿐만 아니라 삶의 정신도 뒤틀어지기에 그렇다.

철학자 파스칼은 인간의 모든 불행이 방안에 조용히 머물러 있지 못하는 데서 생긴다고 진단했다. 음미할 만한 말이다. 밖으로 싸돌아다니면서 많은 문제가 생겨나니 말이다. 그렇지만 오늘날에는 오히려 방안에 너무 머물러서 불행이 불거진다. 부지런하게 몸을 쓰질 않으면 시나브로 시름에 잠겨 마음이 무거워지고 우울해진다. 니체는 한 곳에 눌러앉아 옴짝달싹하지 못하는 건 칭찬받을 만한 끈기가 아니라 신성한 정신에 어긋나는 진정한 죄라고 불호령을 내린다.

인간은 움직이도록 진화해왔다. 가만히 있기가 힘든 까닭도 우리의 몸은 움직이기를 원하기 때문이다. 밖으로 나와 걸으면 방에 누워있을 때와 기분이 사뭇 달라진다. 골방에 틀어박혀 있을 때는 떠오르지 않았던 생각과 느낌이 생겨난다. 야외에서 바람을 맞으면 마음에 쌓여있던 응어리와 꿍꿍이가 흩어지고 가벼워진다.

잘 움직이는 사람은 건강하고 산뜻하다. 몸을 움직일 때 마음이 움직이고, 마음속에 숨어 있던 씨앗들이 움튼다. 잘 움직이는 사람의 마음은 꽃밭처럼 화사하다.

나는 하루에 얼마나 많은 시간을 의자에 묶여 보내고 있을까?

밖으로 나와 걸을 때, 내 몸과 마음은 어떻게 달라지는가?

57

삶의 매 순간은 우리에게 무언가를 말하려 하지만, 우리는 이 소리를 들으려 하지 않는다. 혼자 조용히 있을 때 무언가의 속삭임에 겁이 난다. 그래서 우리는 고요함을 불편해하고 남들과 떠들썩하게 뒤섞이면서 귀를 먹게 한다.

무턱대고 뜀박질해서는 안 된다. 자신이 잘살고 있는지 점검하면서 나아가야 한다. 어디에서 왔고, 어디로 가는지 확인할 필요가 있다. 숨 가쁘게 내달리기만 하다가는 어느 날 문득 엉뚱한 곳에 있는 자신을 발견하게 된다.

세상살이는 미로와 비슷하다. 순간순간 정신을 차리지 않으면 미아가 되기 일쑤이다. 인생은 우리의 예상보다 파란만장하고, 시대는 우리의 짐작보다 변화무쌍하다. 살다 보면 시행착오를 겪지 않을 수 없고, 지도를 보면서 갔는데도 헤매게 된다.

갈피를 잡지 못하는 우리를 돕고자 내면에서 울림이 전해진다. 내면의 울림은 우리 자신을 성찰하도록 만들고, 우리를 올곧게 이끈다. 지금 나의 상태가 어떤지 알려주고, 칠흑 같은 앞날을 밝히면서 나아갈 길을 열어준다.

지금 이 순간에도 내면의 울림이 전해지고 있으나 일상이 워낙 분주해서 잘 들리지 않는다. 때로는 애써 귀를 막고 들으려 하지 않는다. 우리는 사람들을 만나 소란스레 어울리는 것을 즐거움이라 착각한다. 그렇지만 모임이 파하고 돌아오는 길이면 우리 가슴에 허무가 안개처럼 자욱해진다.

내면으로 들어가는 문은 홀로 있을 때 넌지시 열린다. 잘 살기 위해서라도 이따금 고독해야 하는 까닭이다. 자신을 들여다보면서 조심하는 사람만이, 인생이라는 미궁에서 길을 잃지 않는다.

삶의 매 순간은 우리에게 무언가를 말하려 하지만, 우리는 이 소리를 들으려 하지 않는다. 혼자 조용히 있을 때 무언가의 속삭임에 겁이 난다. 그래서 우리는 고요함을 불편해하고 남들과 떠들썩하게 뒤섞이면서 귀를 먹게 한다.

나는 왜 나 자신을 들여다보는 걸 두려워했을까?

내 마음이 "좀 쉬자", "이건 아닌 것 같아"하고 속삭일 때, 나는 그 말을 흘려보내지 않았나?

58

사랑은 숨어 있던 고귀한 성질을 드러낸다.

누구나 사랑이라는 놀라운 사건을 체험한다. 사랑은 사람을 강인하게 만든다. 숙맥이었던 사람이 대담하게 애정을 표현하고, 주눅이 들어 방에 틀어박혀 있던 사람이 세상을 향해 거침없이 달려간다. 사랑은 사람을 단단하고 당당하게 만들고, 씩씩하고 싹싹하게 환골탈태시킨다.

그런데 고귀한 성질은 하늘에서 뚝 떨어진 게 아니다. 미처 몰랐을 뿐, 내면에 이미 있었다. 잠재되었던 성질이 사랑을 통해 발현된다. 그렇다면 인생은 우리에게 숙제를 내준 셈이다. 내면에 잠든 씨앗들을 틔어내어 열매를 맺는 일 말이다. 씨앗들이 저절로 움트지 않는다. 사랑이라는 햇살이 필요하다. 사랑을 통해서 사람은 비로소 사람이 된다. 사람과 삶 그리고 사랑은 하나다.

물론 사랑을 지속하는 일은 쉽지 않다. 그래서 니체는 우리가 우리의 성질을 오해할 수 있다고 우려했다. 사랑이 일으키는 고귀한 헌신에 감명을 받았다가 훗날 평소대로 행동하면 사람이 변했다고 실망하게 된다.

인생에는 사랑을 통해 자라난 싹과 줄기와 잎사귀와 꽃과 열매를 지켜내야 하는 고귀한 과업이 있다. 들이치는 비바람에 맞서 부지런히 움직여야 하는데, 우리는 점점 게을러지고 건방져진다. 그렇게 사랑은 파리해지고, 우리 안의 꽃망울도 시들어버린다.

사랑과 멀어질수록 사람은 멍청해진다. 사랑 같은 건 애들이나 하는 거라며 사랑을 우습게 볼수록 삶이 우스워진다. 팔짱을 낀 채 사랑이 없어도 괜찮은 척 굴수록 사람이 하찮아진다.

사랑이 나를 어떻게 달라지게 했을까?

나는 지금 사랑을 얼마나 소중하고 고귀하게 여기고 있을까?

언제나 받는 사랑보다 더 많은 사랑을 베풀어라. 사랑하는 일에서 늘 첫째가 되어라. 사랑에 대한 자부심을 명예로 삼아라.

니체는 '모태 솔로'였다. 그는 사랑을 주고받는 데 서투른 사람이었다. 그렇다고 사랑에 무관심하지는 않았다. 외려 사랑받지 못했기에 사랑이 얼마나 귀한지 알았다. 사랑에 실패하고 가슴이 찢어졌으나 냉소하지 않았다. 사랑의 고통 속에서 사랑의 글이 피어났다. 흔히 사랑을 주기보다 받기를 원한다. 받은 사랑을 자랑하며 늘어놓는 이들도 널렸다. 물론 사랑을 듬뿍 받는 건 좋은 일이다. 하지만 우렁각시처럼 사랑을 나눠주는 일이야말로 진정으로 좋다고 니체는 우렁차게 외쳤다. 인간이 언제 생생하게 살아 있을까? 바로 사랑을 하염없이 줄 때이다.

흥정하듯 마음의 크기를 재고 따지면서 받은 만큼 애정을 되돌려주는 건 부끄러운 일이다. 사랑에 인색한 사람은 반드시 후회하게 된다. 인생의 관건은 얼마나 사랑을 하느냐이다. 사랑의 빈곤만큼 사람을 초라하게 만드는 것이 없다. 사랑이 없으면 모든 걸 가져도 빈털터리와 다르지 않다. 니체는 사랑에서 으뜸이 되라고 당부한다. 사랑의 베풂이야말로 그 무엇과도 비교할 수 없는 진실한 기쁨이기에 그렇다.

놀랍게도 사랑을 퍼줄수록 마음이 채워진다. 반대로 사랑을 아낄수록 삶이 아까워진다. 사랑은 나에게서 샘솟아 사람과 세상으로 뿜어져야 한다. 내 마음에 고여 있으면 그토록 어여쁜 사랑이 썩어 문드러진다. 우리는 언제나 마음의 문을 열어 사랑을 표현해야 한다. 삶은 자기가 뿌린 사랑만큼 사랑스러워지니까.

사랑을 아껴서, 나중에 더 크게 후회했던 순간이 있었을까?

나는 지금 내 마음을 활짝 열어 사랑을 아낌없이 베풀고 있을까?

가장 늦게 이르는 별빛이 우리로부터 가장 멀리 떨어져 있다. 그런데 그 별빛이 다다르기 전에 인간은 저 멀리에 별이 있다는 사실을 부정한다.

과거의 인류는 밤마다 신비로운 체험을 하곤 했다. 땅거미가 지면 밤하늘에 하나둘 불이 켜지더니 어느덧 은하수가 펼쳐졌다. 밤은 어둠의 시간만이 아니었다. 무한한 공간을 가로지른 빛들이 황홀하게 쏟아졌으니 말이다. 사람들은 별빛의 향연 속에서 곁에 있는 사람들과 체온을 나누었다.

요즘의 밤은 딴판이다. 별이 도통 보이지 않는다. 보이지 않는다고 해서 없는 건 아니다. 도시의 조명이 너무 환한 데다 공기가 혼탁해서 우리의 시야에 닿지 않을 뿐, 헤아릴 수 없는 별이 저 암흑의 장막 뒤에서 빛나고 있다. 공기 맑은 곳으로 가면 별빛의 세례를 받을 수 있다.

수많은 별처럼 세상은 인산인해다. 어딜 가나 사람들로 북적인다. 이 많은 사람 가운데 빼어난 인재들이 곳곳에 있다. 그들은 저마다 자신의 우주에서 번뜩이고 있다. 그 빛이 아직 나에게 닿지 않았다고 해서 그들이 존재하지 않는 게 아니다. 언젠가 그들을 만나 우리는 함께 눈부신 시간을 보낼 것이다.

나 역시 누군가에게는 멀리 떨어져 있는 별이다. 하루하루 정진하다 보면 그들에게 가닿는 날이 올 것이다. 세상이 어둡다면 더욱 힘을 내어서 반짝여야 한다. 지금 우리는 왜 굳이 애써서 자신을 불태우고 있는가? 누군가의 마음을 환하게 밝혀주기 위함이 아니던가? 외로워도 세상을 황폐한 곳이라고 단정해서는 안 된다. 까마득한 시공간을 가로질러 나에게 날아오는 별빛처럼, 자기만의 색깔을 뿜어내는 사람들이 언젠가는 나의 세계에 나타날 테니까.

가장 늦게 이르는 별빛이 우리로부터 가장 멀리 떨어져 있
다. 그런데 그 별빛이 다다르기 전에 인간은 저 멀리에 별
이 있다는 사실을 부정한다.

지금 떠오르는 '별빛 같은 사람'이 있다면, 그 사람은 내게 어떤 빛이었을까?

나는 누군가에게 어둠을 밝혀주는 별빛이 되고 있을까?

Friedrich Wilhelm Nietzsche

니체가 묻고 내가 답하는 100일 인생문답

61 - 80

4장

회복

나는 아름답고 대단한 존재이다.
다만 정신없이 살다 보니 그 중요한 진실을 망각하고 지냈을 뿐이다.
잠시 숨을 고르자 내 안에서 새로운 움이 튼다.
마음이 몽글몽글 움직인다.

모든 사람은 꿈의 세계를 만들어 내므로 완전히 예술가이다.

우리는 낮과 밤이라는 두 세계를 넘나들며 살고 있다. 인간은 오랜 세월 햇살을 받으며 살아왔으므로 활동하는 데는 낮이 적합하다. 낮이 생산과 집중의 시간이라면 밤은 안식과 성찰의 시간이다. 밤이 이슥하면 으슥한 방에서 푹 쉬는 게 현명하다. 늦게까지 업무에 열중하면 잠깐의 성과가 있을지 몰라도 이튿날에 타격이 크고, 피로의 여파가 오래간다. 캄캄할 때 일하는 건 자기 목숨 깎아 먹는 짓이다.

밤은 낮과 사뭇 다르다. 서산으로 해가 넘어가면 깊숙이 감춰두었던 감정이 마음의 담을 넘는다. 누군가 그리워지고, 기분이 오묘해진다. 한낮의 세계가 몰락하면 칠흑 같은 어둠 속에서 또 다른 세계가 태동한다. 우리는 어둠 속에서 자신과 마주하게 된다.

밤이면 우리는 꼬박꼬박 잠을 자고, 잠자는 동안에 꿈의 세계가 열린다. 꿈속에서 우리는 학교에 다니고, 옛 친구들을 만나며, 사랑을 나눈다. 휘황찬란한 빛을 보거나 하늘을 날기도 한다. 낯선 사람에게 쫓기거나 귀신이 나타나는 악몽도 더러 꾼다.

꿈은 헛되다면서 고개를 저어서는 안 된다. 꿈은 나와 무관할 수 없다. 나의 꿈은 오직 나의 내면에서만 펼쳐지니 말이다. 내가 무의식중에 빚어낸 결과가 꿈이다. 그렇다면 꿈은 나에게 의미심장할 수밖에 없다. 꿈이란 내가 나에게 전하는 영상편지이다.

자신을 평범하다고 단정해서는 안 된다. 우리는 모두 꿈꾸며 살아가는 예술가들이다. 밤이면 밤마다 놀라운 세계를 창조하고 있다.

어제 나는 무슨 꿈을 꾸었을까?

잊히지 않는 꿈 하나를 떠올려본다면, 어떤 꿈이었을까?

여태껏 인류는 꿈속에서 생각하고 행동하듯, 깨어 있는 동안에도 수천 년을 그렇게 살아왔다.

인간만이 꿈을 꾸는 건 아니다. 수많은 동물이 꿈을 꾼다. 우리가 꿈에서 여러 가지를 경험하듯 동물들도 꿈속에서 여러 일을 겪는다. 예컨대, 고양이나 개는 웅크리고 자다가 몸을 움찔움찔하면서 반응한다. 다른 동물들도 비슷하다. 단세포생물이나 식물들도 생리작용이 달라져서 수면 상태에 있는 것으로 보고된다. 동물과 똑같지는 않더라도 아마 단세포생물이나 식물들도 꿈을 꿀 것이다.

꿈이 아무런 의미가 없다면, 이토록 많은 생명체가 꿈꿀 이유가 없다. 꿈이란 정신의 현상이다. 우리의 정신이 낮에 여러 가지를 판단하고 선택하듯 꿈에서도 우리는 온갖 곳을 돌아다니면서 체험한다. 아무리 낯선 꿈이라도 그 꿈을 가만히 생각해보면 나와 긴밀하게 얽혀 있다. 꿈은 나의 정신에서 생겨난 현상이니 그럴 수밖에 없다.

그렇다면 꿈은 날마다 나를 더 알아가도록 주어지는 기회이다. 워낙 촉박한 아침이라서 부랴부랴 움직이면 금방 가물가물해지는데, 조금이라도 시간을 투자해서 기억하려고 애쓰면 점점 꿈이 선명해진다. 왜 자신이 이런 꿈을 꿨는지 곰곰 헤아리면 어둑어둑했던 내면이 환해진다. 꿈을 주의 깊게 지켜볼 이유가 분명하게 있는 셈이다.

꿈은 현실과 무척 닮아있다. 눈 떠보면 사무실이고 교실이고 군대이다. 낯선 사람이 나올 때도 있으나 친숙한 풍경에 낯익은 사람들이 주로 등장한다. 우리는 꿈속에서 평소처럼 행동한다. 꿈인지도 모른 채 꿈속을 살아간다.

꿈과 현실은 맞물려 있다. 자신이 변하면 꿈도 변한다. 꿈이 예전과 다르다는 건 우리가 바뀌었다는 신호이다. 꿈에 관심을 두고 꾸준히 기록하면 자신을 더 깊이 이해할 수 있다.

여태껏 인류는 꿈속에서 생각하고 행동하듯. 깨어 있는 동
안에도 수천 년을 그렇게 살아왔다.

나는 현실처럼 생생했던 꿈을 언세 꾸었을까?

'이건 꿈이구나'하고 느꼈던 순간, 그때 내 마음은 어땠을까?

자기 자신을 마음대로 하지 못하고 한가로움을 넉넉하게 지니지 못한 사람은 고대에는 노예였다. 자신의 삶을 뜻대로 펼치지 못하고 느긋하게 여유를 누리지 못하는 사람은 경멸받아 마땅했다.

꿈조차 음미할 겨를 없이 바쁜 시대이다. 우리는 그저 부자가 되길 정신없이 꿈꾼다. 그런데 단순하게 돈이 많다고 해서 부자라고 할 수는 없다. 현대인은 과거의 왕들보다도 훨씬 기름지게 살지만, 과연 우리가 진정으로 부유해졌는지 의문이다.

진정한 부자란 건물의 소유주가 아니라, 자유와 여유의 소유주이다. 아무리 통장에 잔고가 가득해도 시간에 쫓기고 마음이 쪼그라든다면 부자가 아니라고 니체는 단언한다. 자유와 여유를 통해 자기 뜻을 펼쳐내는 사람이 진정한 부자이다.

우리가 돈을 모으는 까닭도 결국 자유와 여유를 얻기 위함이다. 돈이 없으면 하기 싫은 일을 해야 하고, 하고 싶은 일은 할 시간이 부족하다. 그런데 당장 길거리로 내쫓길 상황이 아닌데도 마음이 넉넉하지 않고 일상이 한적하지 않다면, 자신이 돈을 왜 버는지 진지하게 돌아봐야 한다.

돈이란 삶을 위한 도구이다. 자신이 정말 하고자 하는 바를 이루기 위한 도구 말이다. 어쩌면 우리는 하고 싶은 걸 상실한 채 도구 장만에만 집착하는지 모른다. 그 결과 손에 돈을 잔뜩 쥐었는데 그 돈으로 뭘 해야 할지 모르는 상황에 놓인다. 그저 돈을 굴려 더 많은 돈을 버는 데만 혈안이 된다. 내가 돈을 부리는 게 아니라 돈을 위해 사는 삶이 된다. 돈의 노예가 된 꼴이다.

니체가 보기에 많은 이들이 돈의 노예이다. 왜 이토록 돈을 쌓아놓으려 하는지, 그 근본적인 이유를 생각할 시간이다.

자기 자신을 마음대로 하지 못하고 한가로움을 넉넉하게

지니지 못한 사람은 고대에는 노예였다. 자신의 삶을 뜻대

로 펼치지 못하고 느긋하게 여유를 누리지 못하는 사람은

경멸받아 마땅했다.

내가 바라는 '부자'의 모습은 어떤 삶인가?

마음이 여유로웠던 순간이 최근에 있었다면 언제였을까?

모두가 지나치게 일하는 이 시대에 한가함의 이상은 '휴가'라고 불린다. 그런데 휴가철이면 사람들은 한껏 게으름을 부리고 멍청한 어린애처럼 군다.

직장인들 가슴엔 사직서와 휴가계획이 숨어 있다. 휴가계획은 사직서 제출을 막아준다. 휴가 때까지 참고 버티겠다는 마음으로, 다들 어금니를 꽉 물고 일한다.

드디어 휴가이다. 일단 떠난다. 가까운 휴양지든 머나먼 외국이든 어디든 간다. 관광지를 어슬렁거리고, 이색풍경을 구경하며, 기념품과 면세품을 사들인다. 그런데 슬슬 따분해진다. 낯선 곳에서 놀 때 생겨나는 즐거움은 잠깐이다. 며칠이 지나면 싱겁고 지겹다. 마음의 울림이 없이 우리의 휴가는 끝난다.

일상이 워낙 긴장되어 있으므로 이따금 쉬면서 이완할 필요가 있다. 그렇다고 시간을 흥청망청 흘려보내는 건 자신을 망치는 일이다.

휴가란, 열심히 일한 자신을 되돌아보면서 매만지고 추스르는 시간이다. 그동안 슬어있던 마음의 녹을 휴가 기간에 닦아내야 한다. 그렇지 않으면 귀중한 돈과 시간을 코 푼 휴지처럼 헤프게 버리는 셈이다.

일과 쉼의 균형이 시대의 화두가 되었다. 그동안 일에 삼켜진 사람들이 너무 많았으므로 쉼의 중요성을 더 알려야 한다. 이와 아울러 진정한 쉼이란 무엇일지 생각해야 할 시점이다. 천천히 숨을 내쉬면서 자신과 마주하지 않는다면 진정한 쉼이 아니다.

니체도 여행을 좋아했고, 자주 떠났다. 그렇지만 그는 그저 여기가 싫어서 여행 가방을 꾸린 게 아니다. 성장과 건강을 도모하고자 움직였다. 더 높이 오르기 위해 숨을 크게 들이쉬는 시간이 니체의 휴가였다. 꺼져가는 마음에 장작을 새로 채워주는 일이야말로 진정한 쉼이다.

모두가 지나치게 일하는 이 시대에 한가함의 이상은 '휴가'라고 불린다. 그런데 휴가철이면 사람들은 한껏 게으름을 부리고 멍청한 어린애처럼 군다.

정말 좋았던 휴가 중 떠오르는 게 있을까?

나한테 '잘 쉰 하루'는 어떤 모습일까?

당신과 더불어 숲과 바위는 기품있게 고요할 줄을 안다. 당신이 사랑하는, 저 넓게 가지 뻗은 나무처럼 되어라. 나무는 조용하나 늘 귀를 기울이며 바다로 뻗어 있다.

때때로 우리는 산과 바다와 숲으로 떠난다. 시끌벅적한 도시에서 조금만 벗어나도 심원한 적막이 우리를 기다린다. 흐드러진 풍경이 흐트러진 우리를 맞이한다. 고요한 자연은 고상하면서 풍요로운 시간을 건넨다. 우리가 일부러 야외를 찾는 까닭이다.

자연 가운데 나무는 그야말로 빼어난 품격을 지녔다. 봄이면 연둣빛 싹을 틔우면서 포근한 풋풋함을 선도하고, 여름이면 울창한 잎사귀로 시원한 그늘을 선사하며, 가을이면 탐스러운 과실을 넉넉하게 선물하고, 겨울이면 매서운 추위를 견디며 꿋꿋함을 선보인다. 소나무처럼 자신의 기백을 사시사철 견지하는 나무도 있다. 다양한 나무들이 숲을 이루고 지구의 허파가 되어준다.

나무는 묵묵히 비바람을 이겨낸다. 상처가 나 옹이가 생기지만 굴하지 않는다. 수많은 생명체의 보금자리가 되어주고 아낌없이 열매를 내어준다. 해마다 늘어난 나이테는 그 자체로 아름다운 영광이다. 자신을 과시하지 않아도 나무는 특별한 분위기를 자아낸다.

나무는 대지에 뿌리를 내리고 하늘을 꿈꾼다. 작은 벌레나 사소한 미풍에 꿈쩍하지 않고 고즈넉하게 품어준다. 모진 세월을 인내하며 더 높은 세계를 향해 뻗는 나무는 신성하고 신선하다.

소음에 파묻혀 매정하게 살아가는 우리에게 나무는 안도의 정적을 내어준다. 정색하던 마음은 풀어지면서 정돈된다. 우리는 아름드리나무를 마주할 때마다 경탄한다. 수백 년 동안 한 자리를 지키면서 하늘에 닿으려는 나무처럼 우리도 원대한 시야를 갖추고 호젓이 정진해야 한다.

당신과 더불어 숲과 바위는 기품있게 고요할 줄을 안다. 당신이 사랑하는, 저 넓게 가지 뻗은 나무처럼 되어라. 나무는 조용하나 늘 귀를 기울이며 바다로 뻗어 있다.

왜 사람은 시간을 내어 산과 바다와 숲으로 갈까?

조용하지만 강인하게 버티는 나무 같은 사람이 곁에 있는가?

66

『유고(1881년 봄~1882년 여름)』

**자기 통제에 성공하지 못하는 사람은 몰락할 수밖에 없다.
수천 가지의 실천에 대한 무지와 실수로 말미암아 우리는
너무나 일찍 죽는다.**

아이와 어른 사이엔 도드라진 차이점이 있다. 바로 자제력이다. 대개의 아이는 가만히 있기를 어려워한다. 아이의 집중력은 그리 강하지 않다. 우리의 지난 시절을 돌아보면, 싫증을 얼마나 잘 냈는지 떠오를 것이다. 무엇 하나 진득하게 하기가 어려웠다. 더구나 내 안에서 생겨나는 감정에 휘감기고, 욕망에 휘둘리기 일쑤였다. 오랫동안 교육과 반성을 거치면서 성숙한 다음에야 가까스로 자기 제어력이 생긴다.

이제 우리는 어른이라고 할 수 있을까? 우리는 아직 온전한 어른이 되지 못했다. 여전히 뱉어서는 안 될 말을 게워내고, 하지 말아야 할 짓을 저지른다. 몸은 컸더라도 성숙하지 못한 것이다. 자신을 통제하지 못한다면 나이가 많아도 정신상태는 아이에 불과하다. 이제 어른이 될 시간이다. 더 늦춰서는 안 된다.

우리가 바라고자 하는 바를 이루기 위해서라도 자제력은 필수이다. 온갖 충동에 휘둘릴수록 목표는 멀어진다. 현대 사회는 교묘하게 우리를 자극하고 유혹한다. 자제력을 놓치면 세상의 소용돌이에 휘말린다. 귀한 시간을 허투루 날리지 않기 위해서라도 날뛰는 마음을 제어해야만 한다. 자신을 가다듬는 만큼 목표는 가까워진다. 인생의 성공 여부는 자기를 다스릴 수 있는지에 달렸다. 평생 우리는 자신을 다스리기 위해 고군분투해야 한다.

자기 통제에 실패해 수많은 사람이 몰락하고 추락하고 타락한다. 자기를 되짚으며 매만졌다면 삶에서 놀라운 결과를 산출할 수 있었던 이들이 나락으로 떨어졌다. 잠재력을 발휘하지 못한 사람들을 안타까워하면서 니체는 자기를 극복하라고 강조한다. 자기에게 지배당하는 사람이 밑바닥으로 곤두박질친다면 자신을 지배하는 사람은 더 높은 곳으로 날아오른다. 남들이 가보지 못한 신세계로 비상한다.

자기 통제에 성공하지 못하는 사람은 몰락할 수밖에 없다.
수천 가지의 실천에 대한 무지와 실수로 말미암아 우리는
너무나 일찍 죽는다.

요즘 뭐 하나에 푹 빠져서 시간 가는 줄도 몰랐던 날이 있었을까?

감정이 올라올 때 나는 어떻게 반응하고 있을까?

67

절제와 중용에 대해서는 입을 다무는 편이 좋다. 극소수의 사람이 자신만의 체험과 신비로운 회심을 통해 절제와 중용의 영향력을 알고 있다.

인류사를 살피면, 다양한 문명에서 하나같이 중용과 절제를 사람들에게 가르쳤다. 니체 역시 이 두 가지를 고귀한 덕목이라 여겼다. 언제 어디서 무얼 하든 적정한 범위에서 해야 한다. 모자라거나 넘치지 않도록 알맞은 정도를 유지하는 게 중요하다.

적정선을 지키는 건 생각보다 까다롭다. 적당히 작작 마시라는 잔소리를 들으면서도 주량을 넘겨 사고를 친다. 오락할 때면 잠깐 한다고 하지만 꼴딱 밤을 새버린다. 배부른데도 커다란 과자봉지를 뜯는다. 대화할 때도 말이 너무 적거나 너무 많고, 그 결과 오해와 불화가 생겨난다.

미쳐야 미친다는 말처럼, 적정선을 넘겨야 할 때가 있기는 하다. 그렇지만 적정선은 준수하라고 있는 법이다. 매번 선을 넘다 보면 어느새 위반이 정상이 되고, 일탈이 일상이 된다. 절제와 중용이 없으면 삶은 혼란해지고 문란해진다.

절제와 중용을 타인에게 강조하는 건 미련한 일이다. 괜히 상대방의 기분만 상하게 할 뿐이니 말이다. 그 가치를 아는 사람이라면 굳이 말하지 않고 묵묵히 지켜가는 게 낫다. 인류사를 통틀어 소수의 사람만 절제와 중용을 실천하며 살았다. 그들은 일부러 튀지 않으려고 했으나 어디서든 돋보였고, 세상으로부터 존경을 받았다.

딱 알맞은 정도를 지키기가 어렵더라도 절제하고자 노력할수록 행동에 품위가 깃든다. 웬만한 유혹에는 흔들리지 않을 만큼 마음이 단단해진다.

절제와 중용에 대해서는 입을 다무는 편이 좋다. 극소수의
사람이 자신만의 체험과 신비로운 회심을 통해 절제와 중
용의 영향력을 알고 있다.

나는 언제 '적정선'을 넘겨버렸을까?

절제하지 못해 마음이 무거워졌던 일이 있었을까?

우리를 들어 올리는 누군가가 필요하다. 우리를 들어 올려서 다른 차원을 꿈꾸게 하는 자는 누구인가? 바로 진실한 사람들, 더 이상 동물이 아닌 사람들, 철학자들, 예술가들 그리고 성자들이다.

우리의 오늘과 어제는 틀린 그림 찾기와 비슷하다. 몇 가지가 달라졌으나 대강은 똑같다. 틈만 나면 전화기를 만지작거리고, 연예인들의 영상을 구경하며, 습관처럼 커피를 마시곤 한다.

지구의 중력이 굉장하기에 우리가 땅에 붙어서 살듯 현실에는 중력이 작용한다. 중력 덕분에 붕붕 떠다니지 않고 안정감을 얻는다. 문제는 안정감이 갑갑한 지루함으로 돌변한다는 점이다. 인류가 땅만 보지 않고 하늘을 날고자 시도했기에 비행할 수 있게 되었다. 마찬가지로 현실에 밀착해서 살더라도 불가능해 보이는 꿈을 꿀 줄 알아야 한다. 가능해 보이는 것에 도전하는 건 진정한 도전이 아니다. 현실의 중력을 거스르면서 남들이 가지 않는 길로 자신을 내던져야 한다. 그때 비로소 자기 삶의 의미가 생긴다.

물론 현실의 중력을 거스르는 건 너무나 어렵다. 그 누가 이렇게 살아야 한다고 강압하지 않았는데도 틀에 박힌 나날이 펼쳐진다. 새로운 상상을 하고 싶어도 우리의 경험이 제한되어 있어서 참신한 변화를 도모하기가 쉽지 않다. 상상조차도 우리의 한계에 얽매인다.

그래서 니체는 철학자, 예술가, 성자 같은 진실한 사람들의 도움을 받으라고 안내한다. 이들은 그저 먹고 싸는 동물 차원의 삶 너머, 더 높은 차원을 꿈꾸게 해준다. 니체는 그들이 나타나면 웅크리던 자연이 도약한다고 말한다. 잠들어 있던 정신이 깨어나고, 기쁨의 비약이 일어난다.

바쁜 일상에서도 인문학 서적을 찾아 읽고, 공연과 전시를 챙겨보며, 진실한 종교인과 허물없이 대화하는 일. 이 모든 것은 현실의 중력을 거스르면서 자신의 수준을 끌어올리는 일이다.

나는 최근에 어떤 책을 읽고 감명받았나?

나는 어떤 예술가나 사상가에게 힘을 얻어왔을까?

69

모든 예술과 철학이란 성장하고 투쟁하는 삶을 위해 사용되는 치료제이다. 고통받고 고뇌하는 사람을 통해 예술과 철학이 이뤄진다. 예술과 철학이 고달프고 애달픈 삶을 구원한다.

인생은 괴롭다. 시작부터 험난했다. 간신히 어머니의 몸에서 빠져나와 울음을 터뜨렸다. 몸을 가누지 못해 바둥거렸고, 걸음마를 하면서 무수히 넘어졌다. 수많은 질병이 목숨을 위협했다. 연약한 시절이 지나가면 또 다른 문제들이 잇따라 덮친다. 공부는 쉽지 않고, 가족들과 다투며, 또래들과 평생 경쟁해야 한다. 게다가 나이가 들면 신체 기능에 지장이 생기고, 마음은 너덜너덜해진다. 갈수록 시대 변화에 적응하기가 어려워지고, 젊은 세대와 소통이 안 돼 외로워진다.

이처럼 버거운 삶 속에서도 기쁨으로 벅차게 살고 싶다면, 예술과 철학을 삼켜야 한다. 예술과 철학이란 우리보다 앞서 고통과 정면대결했던 선배들이 고아낸 치료제이다. 예술가와 철학자들도 우리처럼 고통받으면서 한 생애를 분투했기에 그들을 만나면 위안과 용기를 얻을 수 있다.

이미 헤아릴 수 없을 만큼의 사람들이 살다가 눈을 감았다. 그렇지만 그들 대부분은 고통으로부터 줄행랑치거나 몸부림치기만 했다. 마지막 숨을 거두는 순간에서야 이렇게 살면 안 된다는 걸 뼈저리게 깨달았으나 너무 늦었다. 반면에 죽을 때 후회하지 않고자 고통 속에서 새로운 뭔가를 일구는 사람들이 있다. 그들은 고통에 무릎 꿇지 않고 자신만의 예술과 철학을 창출한다.

누구에게나 예술과 철학이 필요하다. 숨이 턱 막히고 앞날이 보이지 않는다면 더욱 그렇다. 예술가와 철학자 역시 인생 선배들의 도움을 받았으므로 인생 후배들에게 힘 보태는 걸 의무로 여긴다. 그들은 삶이란 무엇이고 어떻게 살아야 할지 영감을 건네고 기운을 북돋는다. 예술과 철학을 가까이할수록 가여웠던 인생이 가벼워진다. 할 수 없던 것들이 가능해진다.

모든 예술과 철학이란 성장하고 투쟁하는 삶을 위해 사용
되는 치료제이다. 고통받고 고뇌하는 사람을 통해 예술과
철학이 이뤄진다. 예술과 철학이 고달프고 애달픈 삶을 구
원한다.

힘든 순간에 예술이나 철학이 나를 붙잡아준 적이 있었을까?

만나서 얘기를 나누고픈 철학자나 예술가가 있을까?

70

진정한 사상가란 진심을 꺼내든 농담을 던지든 통찰을 선사하든 신과 같은 관용을 베풀든, 언제나 흥겹고 생기를 북돋는다.

우리에게는 기운이 있다. 똑같이 생명을 얻어서 살고 있으나 기운의 크기는 저마다 다르다. 한여름의 들풀처럼 쨍쨍하게 뿜어지는 사람이 있고, 중환자실에 입원한 노인처럼 꺼져가는 사람도 있다.

우리는 누군가를 만나자마자 상대의 기운을 직관으로 느낀다. 정밀하게 측정하지는 못해도 얼추 감지한다. 다양한 사람을 상대할수록 기운을 파악하는 능력이 발달한다. 왜 그런지 딱 부러지게 설명하기 어려워도 배어나는 기운이 제각각이다. 누군가는 활달하고, 다른 이는 침울하고, 아무개는 세고, 또 다른 이는 싸하다. 사람과 사람 사이에는 그저 말만 오가는 게 아니라 기운이 교류된다.

어떤 사람과 어울려야 할지 기운으로 알 수 있다. 니체는 기운의 변화를 통해 진정한 사상가인지 사이비 장사꾼인지 분간할 수 있다고 일러준다. 웃기는 얘기를 하든 어려운 이론을 늘어놓든 그 사람의 말이나 행동보다 중요한 건 함께한 뒤의 상태이다. 모임을 마치고 집으로 돌아올 때 뜨끈한 뚝배기 한 그릇을 통째로 먹은 것처럼 기운찰 때가 있고, 알 수 없는 피로가 밀려들면서 허탈하기 짝이 없을 때가 있다. 우리의 기운 상태는 상대가 어떤 사람인지 알려준다. 흥겹게 힘이 샘솟으면 진짜고, 답답해지면서 축 처지면 가짜이다.

좋은 사람은 마음을 풍요롭게 채워주고, 해로운 사람은 마음을 허전하게 만든다. 친구든 애인이든 사상가든 기운을 북돋는다면 좋은 사람이고, 기운을 빼먹는다면 나쁜 사람이다. 좋은 사람을 가까이하고 나쁜 사람을 멀리하는 게 잘 사는 비결이다.

진정한 사상가란 진심을 꺼내든 농담을 던지든 통찰을 선사하든 신과 같은 관용을 배풀든, 언제나 흥겹고 생기를 북돋는다.

나는 누구를 만났을 때 기운이 샘솟고 마음이 밝아졌을까?

반대로, 만남 뒤에 괜히 지치고 허전하게 만들었던 사람도 있었을까?

자신이 자유를 성취했다는 걸 어떻게 알 수 있을까? 자기 자신이 더 이상 부끄럽지 않을 때.

살아가면서 우리는 여러 모임에 참여하게 되고, 원치 않아도 자기 자신을 수많은 사람에게 알려야 한다. 그런데 진솔하게 자신을 열어 보이는 사람이 더러 있으나 대부분은 쑥스러워하면서 뻔한 내용만을 밋밋하게 소개한다. 낯선 이들 앞에 서는 게 영 어색해서 그럴 수 있다. 남들의 시선을 한몸에 받는 건 부담스러운 일이니 말이다. 그런데 어쩌면 자신이 부끄러워서 자기를 소개할 때 민망한 건 아닐까?

우리의 마음 깊은 곳에서는 수치심이 똬리를 틀고 있다. 살아오는 동안 우리는 떳떳하지 못했다. 남들에게 감추고 싶은 일들이 우글우글하다. 지워지지 않는 흑역사도 여러 번 겪었다. 자려고 누웠다가도 이불을 걷어찬다. 후회할 일이 자꾸만 떠오르면서 숙면을 방해한다.

남들에게 괜찮은 사람이라고 평가받는 일은 중요하다. 그런데 이보다 더 중요한 일은 스스로 괜찮은 사람이라고 자평하는 일이다. 자신이 보기에 더 나은 사람이 되어야만 자존감이 생겨난다. 자존심이 남들에게 잘난 척하려는 이기심에 가깝다면 자존감은 자신이 괜찮은 사람이라는 긍지이다. 자존심이 아닌 자존감이 있어야만 자신이 창피하지 않다. 자존심만 세고 자존감이 낮은 사람은 자신의 변변찮음이 마음에 늘 걸린다. 자신의 실체가 들통 날까 봐 조마조마하다.

사람의 성장을 알 수 있는 척도가 수치심으로부터의 자유이다. 자유로운 사람은 담담히 당당하고, 당당한 만큼 부끄러움은 줄어든다. 자유로운 사람은 스스럼없이 자신을 드러내고, 속마음도 서슴없이 표현한다.

자기 스스로 부끄럽지 않고자 최선을 다하면, 분명히 우리는 자유로워질 것이다. 그 어디서든 담백하면서도 싱그럽게 마음을 여는 사람이 될 것이다.

자신이 자유를 성취했다는 걸 어떻게 알 수 있을까? 자기

자신이 더 이상 부끄럽지 않을 때.

나는 진솔하게 자기소개할 수 있을까?

부끄럽지 않은 나를 만들기 위해 지금 할 수 있는 게 무엇일까?

72

인류사가 기록되기 전, 기억술만큼 끔찍하고 섬뜩한 것이
또 있을까? 기억에 각인되려면 기억되려는 걸 달구어 찍
어야 한다. 끊임없이 고통을 준 것만이 기억에 남는다.

최근에 어떤 경험을 했는지 물어보면 대다수 사람은 정겹고 훈훈한 일을 거론하지 않는
다. 어안이 벙벙했거나 뜨악했던 일을 언급한다. 참으로 희한하다. 좋은 일만 곱씹어도 인
생이 짧은데, 우리의 의식에는 유쾌하지 않은 일들이 먼저 떠오르니까 말이다.

살다 보면 가슴이 뭉클해지기도 하고 가슴이 철렁 내려앉기도 한다. 그런데 인간의 무의
식은 다양한 체험을 동등하게 다루지 않는다. 불편한 경험에 가중치를 훨씬 둔다. 인생
을 되짚어보면 별탈 없었던 날들은 기억나지 않는다. 반면에 사나운 풍파나 마음이 시렸
던 사건은 잊히지 않는다. 청명했던 날들은 깡그리 지워지고 장마와 폭설만 기록되는 셈
이다.

기억의 차별은 본능이다. 생명체는 생존에 민감하므로 위험과 고통을 중시한다. 곤경은
나중에 또 겪을 수 있으므로 뼛속 깊이 각인된다. 반면, 생존에 별 위협이 되지 않았던 소
소한 날들은 대수롭지 않게 취급된다. 평온했던 시간이 아찔했던 시간보다 훨씬 길더라
도 과거를 돌아보면 괴로움이 더 강렬하게 연상되는 이유이다.

더구나 생명체는 고통스러웠던 일을 잊지 않고 본능적으로 대물림한다. 이번 생에 쥐나
뱀이나 벌레에게 해코지를 당한 적이 없더라도 보자마자 공포와 혐오가 솟구치는 이유이
다. 그밖에도 우리 안에는 선조들이 물려준 기억들이 작용하는데, 대부분 섬뜩한 기억들
이다. 그 기억들 덕분에 살아남았으나, 그 기억들 때문에 움츠러들고 오그라든다.

자신이 성장하는 과정에서 기억을 꼭 살펴야 한다. 우리 무의식에 도사리는 고통스러운
기억들이 나의 발목을 잡고 있을 때가 많으니까.

최근 기억 중에서 유쾌했던 것과 불편했던 것 중, 어떤 쪽이 더 또렷할까?

잊으려 해도 자꾸 떠오르는 기억이 있다면 무엇일까?

73

우리의 정신은 정말로 위장과 비슷하다.

인류사에는 철학자가 쌔고 쌨고 황제도 차고 넘친다. 하지만 철학자이자 황제인 사람은 극히 드물다. 그 극히 드문 사람이 마르쿠스 아우렐리우스이다. 로마의 철학자이자 황제였던 그는 수천 년이 지나도 인류사의 위인으로 기억된다.

아우렐리우스는 인간의 정신을 위장에 비유했다. 위는 음식을 소화한다. 마찬가지로 정신은 경험을 흡수한다. 건강한 위가 모든 음식을 소화해 영양분을 추출하듯 건강한 정신은 모든 경험을 받아들이면서 의미를 건져낸다.

으깨져 있거나 부드러운 음식은 위장에 부담되지 않는다. 그런데 먹거리가 말랑말랑하고 촉촉할 수만은 없다. 딱딱하고 메마른 음식이더라도 나름의 영양가가 있다. 오만 가지 음식을 소화하면서 위는 자기 몫을 톡톡히 해낸다. 매한가지로 정신은 편안하고 즐거운 일뿐 아니라 다채로운 체험을 수용할 수 있다. 위기 속에서 우리의 정신은 더 튼튼해지고 더 강해진다.

아우렐리우스에게 영감을 받은 니체는 정신이 정말로 위장과 비슷하다고 얘기했다. 위장은 어떤 먹거리든 곧장 소화한다. 새콤달콤하다고 보관하거나 쌉쓰름하다고 피하지 않는다. 우리의 정신도 위장과 같아야 한다. 좋은 일이라고 우려먹거나 나쁜 일이라고 담아둬서는 안 된다. 소화해버려야 한다. 공복일 때 맛있게 식사할 수 있듯 마음도 시원하게 비워내어야 현실을 싱싱하게 맞이할 수 있다.

약자가 과거에 꽁꽁 싸여있다면 강자는 과거를 후련하게 털어버린다. 약자가 현실에 불만을 지닌 채 편식하는 미숙아라면 강자는 현실을 언제나 맛깔나게 즐기는 미식가이다.

나는 오늘 하루를 '맛있게' 음미했다고 말할 수 있을까?

지금 내 정신은 과거를 쌓아두는 창고일까, 소화하는 위장일까?

74

행복, 명랑, 희망, 자부심, 현재가 있으려면 망각이 있어야만 한다. 잊어버리지 못하는 사람은 마음의 소화불량 환자이다.

우리는 언제나 지금을 산다. 과거는 감쪽같이 사라졌다. 지금만이 있을 뿐이다. 과거가 엄청났든 엉성했든 지나갔다. 이따금 과거를 잊지 않고 참고하더라도 현재를 꽉 붙잡으려면 주먹을 풀어야 한다. 과거를 붙들고 있으면 현재를 놓칠 수밖에 없다.

흔히들 잊어버리는 걸 나쁘게 여긴다. 그렇지만 망각은 자연스럽게 일어난다. 지난날을 모조리 기억하는 사람은 아무도 없다. 우리는 과거의 일부만 기억할 수 있는데 그 기억마저도 어지간히 왜곡된다. 과거는 우리의 삶이 틀리지 않도록 돕지만, 우리의 마음이 틀어지게도 만든다. 지난날이 영광스럽다면 현재가 초라해서 괴롭고, 지난날이 참혹했다면 마음의 상처 때문에 계속 아프다. 고통에서 벗어나려면 망각이 필요하다.

니체는 망각을 축복이라고 칭송한다. 망각해야만 과거에서 벗어나 지금 이 순간을 살 수 있으니 말이다. 음식물이 위장에서 머무르는 사람은 소화불량으로 고통받듯 지난 일을 떠나보내지 않으면 마음의 소화불량 환자가 된다. 음식을 소화하듯 과거를 잊어버린 사람은 명랑하고 행복하며 자부심이 있다고 니체는 설명한다.

망각은 저절로 이뤄지지 않는다. 힘을 발휘해 성취한 결과라고 니체는 강조한다. 우리의 마음속에 박혀 있는 기억들을 빼내는 게 쉽지 않다. 하지만 현재를 제대로 살려면, 가시 같은 기억을 발라내야 한다. 아프게 무겁기만 했던 기억들을 떨쳐내면, 우리는 그만큼 가벼워지고 더 건강해진다.

시간이 오래 지나도 잊히지 않는 과거가 있다면 스스로 되물을 필요가 있다. 왜 나는 그 기억을 놓아주지 않고 꽉 붙잡고 있는가.

행복, 명랑, 희망, 자부심, 현재가 있으려면 망각이 있어야
만 한다. 잊어버리지 못하는 사람은 마음의 소화불량 환자
이다.

지우고 싶은 과거가 아직 내 마음에 남아 있을까?

그 기억은 저절로 떠오르는 걸까? 아니면 내가 습관처럼 연상하는 걸까?

음악에서 무엇을 원하는지 묻는다면, 몸과 마음의 가벼움 이라고 답할 것이다.

세상 사람들 거의 모두가 음악을 좋아한다. 오랜 세월 인류는 끼리끼리 모여 흥얼거렸고, 구애할 때 노래를 불렀으며, 갖가지 재료로 악기를 만들었다. 기쁠 때면 음악이 흥을 돋우었고, 슬플 때도 음악이 곁을 지켰다. 인간은 음악을 통해 즐거움과 고통을 표현했고, 용기와 위안을 얻었다. 음악은 우리와 떼려야 뗄 수 없다.

음악의 재능을 타고나는 건 축복이다. 출중한 가수나 연주자는 청중을 단숨에 사로잡는다. 잔잔하게 읊조리든 감정을 복받쳐 쏟아내든 고음을 내지르든 독특한 음색으로 노래하든 각자의 개성으로 사람들을 매료시킨다. 그렇게 음악으로 삶과 사랑을 표현하는 사람은 참으로 멋지다.

우리는 즐거울 때만이 아니라 심란할 때도 음악을 듣는다. 음악은 마음을 정리하는 데 탁월한 효과를 발휘한다. 귓가를 간질이면서 내면으로 젖어 들어오는 음악에 헝클어졌던 마음이 가지런해진다. 심금을 울리는 음악을 듣고 나면 개운해진다.

음악의 여러 효과 가운데 하나가 후련함이다. 니체는 음악을 통해 몸과 마음의 가벼움을 얻길 원했다. 마음이 무거워지는 일상 중에 음악을 들으면 마음의 짐이 덜어져 홀가분해진다. 가쁜 숨을 몰아쉬던 사람이 음악과 함께하는 순간 질퍽한 현실을 가뿐히 뛰어넘는다. 의욕이 솟구치고, 시야가 확 트인다. 음악은 우리를 도약시킨다.

언제나 음악과 함께라면 인생은 언젠가 음악이 될 것이다.

음악에서 무엇을 원하는지 묻는다면, 몸과 마음의 가벼움

이라고 답할 것이다.

나는 어떤 음악에서 위로와 기쁨을 느낄까?

최근에 내 마음을 움직인 음악은 무엇이었을까?

76

『유고(1881년 봄~1882년 여름)』

사람은 자신의 충동을 육체 작업과 조화시켜야 한다. 책을 가까이하는 사람이야말로 특히 그러하다. 적어도 하루에 몇 시간은 생각의 집중에서 벗어나는 일이 필요하다. 우울하고 뻐딱한 기분을 날려버릴 수 있으니, 일상에서 할 수 있는 육체노동을 간단히라도 해라!

아무리 좋다고 해도 그것에만 빠져드는 건 건강하지 못하다. 뭐든지 균형이 필요하다. 예컨대, 몸을 쓰는 직업이라면 틈틈이 책을 읽거나 좋은 강연을 찾아 들을 필요가 있다. 육체 작업을 하는 가운데 지성과 감성을 가꾸는 시간을 마련해야 삶이 조화로워질 테니 말이다.

문서작업을 오래 하는 사람이라면 일부러라도 신체 단련을 해야 한다. 글을 읽는 동안 몸은 꼼짝하지 못한다. 몸을 움직이지 않으면 건강하기 어렵다. 더구나 글에 빠져들면 특정한 관념에 옥죄일 위험이 있다. 글자를 통해 들어온 지식이 단 하나의 진리인 것처럼 착각에 빠지는 것이다. 글을 읽고 쓰는 사람은 일상에서 신체를 쓰는 시간이 가미되어야 건강할 수 있다. 낮 동안에 몸을 좀처럼 움직이지 않은 사람이 밤이면 지독한 불면에 시달리는 데 비해 활발하게 움직인 사람은 달콤한 잠을 지극하게 누린다.

간단히 할 수 있는 육체 작업은 다양하다. 장을 보러 시장에 가고, 창문을 연 뒤 체조하고, 방을 쓸고 닦고, 부엌에서 음식을 만들고, 사랑하는 사람과 침대에서 얼싸안고, 반려견과 산책하고, 공원을 달리고, 동호회에 들어가 함께 운동하고, 근처의 동산을 오르는 일 등등 할 수 있는 게 수두룩하다.

일부러라도 몸을 움직여야 한다. 자신의 몸을 벗어버려야 할 허물처럼 다룬다면 자신의 미래는 허물어질 수밖에 없다. 반대로, 몸을 소중하게 잘 쓰면 인생의 쓴맛도 너끈히 즐길 수 있게 된다. 지성과 아울러 체력을 갈고 닦을 때 우리는 건강하게 무르익는다. 우리의 앞날은 더 창창하고 더 짱짱해진다.

자신의 몸을 돌아보라. 몸은 우리가 어떻게 살아왔는지를 적나라하게 보여준다.

나는 평소 내 몸을 얼마나 잘 돌보고 있을까?

내 삶의 균형을 위해 소소하게라도 도전해볼 수 있는 활동이 있을까?

77

책, 사람, 음악의 가치와 관련된 우리의 첫 질문은 이렇다. "그 사람은 걸어나갈 수 있는가? 더 나아가 춤출 수 있는가?"

니체는 우리가 책 사이에 얼굴을 파묻은 채 독서를 통해서만 사상으로 나아가는 인간이 아니라고 선언한다. 몇 권의 책을 읽고는 마치 세상을 다 안 것처럼 거들먹거리는 이들과 차별을 둔 것이다.

독서가 좋더라도 잠시 책을 덮고 바깥으로 나가야 한다. 그래야만 마음의 텃밭이 촉촉해지고 새로운 생각이 움튼다. 허허벌판이나 고독한 산이나 출렁이는 바닷가에 가지 않더라도 걸으면서 얼마든지 참신하게 생각할 수 있다고 니체는 귀띔한다. 책만 읽는 것이 아니라 걷고, 뛰고, 산을 오르고, 춤추는 것이 일상화되어야 한다.

바삐 돌아가는 하루 중에 굳이 책을 펼치고 사람들을 만나고 음악을 듣는 이유는 저마다 다를 것이다. 니체에 따르면, 책과 사람 그리고 음악의 가치는 우리의 지평을 넓히는 데 있다. 좁은 자아의 경계를 넘어 우리 자신을 더 넓은 세계로 끌어내는 것, 그것이야말로 진정한 성장이고 가치 있는 일이다. 자신만의 세계에 갇히지 않고 더 넓은 세상을 향해 걸어나갈 수 있느냐고 니체가 묻는다.

내친김에 덩실덩실 춤출 수 있어야 한다. 천연덕스레 춤출 수 있다는 건 남들의 시선을 두려워하지 않는다는 뜻이다. 가식과 체면에서 벗어난 사람만이 자유롭게 움직일 수 있다. 주춤하지 않고 막춤을 뽐내는 사람은 마음이 가볍다. 마음이 가벼운 사람은 발걸음이 산뜻하고, 하루하루가 뿌듯하며, 세상을 보는 시선이 따뜻하다.

바야흐로 니체는 최초의 춤추는 철학자였다. 현대무용의 창시자 이사도라 덩컨은 니체의 책을 곁에 두고 평생 탐독하며, 몸으로 철학을 이어갔다. 이사도라 덩컨은 춤을 추면서도 지혜로웠고, 니체는 철학을 하면서도 춤출 줄 알았다.

책, 사람, 음악의 가치와 관련된 우리의 첫 질문은 이렇다. "그 사람은 걸어나갈 수 있는가? 더 나아가 춤출 수 있는가?"

요즘 내 발걸음은 얼마나 가볍고 경쾌할까?

나는 타인의 시선을 의식하지 않고 자유롭게 춤출 수 있을까?

내 과제는 위대한 정오를 준비하는 것이다. 위대한 정오란 인류가 자신을 성찰하는 최고의 순간이다. 이때 인류는 과거를 돌아보고 미래를 내다보면서 왜? 무슨 목적으로? 라는 질문을 모두 헤아리면서 최초로 제기할 것이다.

니체는 경쾌한 발걸음으로 산책하기를 즐겼다. 화창한 날이면 하늘의 축복을 한껏 누렸다. 태양의 세례를 받는 동안 마음의 어둠은 말끔하게 씻겨 내려갔다. 빨래한 속옷이 햇볕에 소독되는 것처럼 말이다. 반짝이는 햇살 속에서 보송보송한 기분으로 걷고 있을 때 눈부신 영감이 번뜩했다. 정신이 정오가 되어야 한다는 통찰이 니체를 엄습했다.

존재하는 모든 것에는 그림자가 따른다. 그림자는 길어지기도 하고 짧아지기도 한다. 우리 정신에도 그림자가 드리워져 있다. 원한, 원망, 억울함, 우울, 죄책감, 수치심, 후회 등등의 그림자 말이다. 그렇다면 정신의 그림자가 가장 짧은 순간이야말로 행복하고 아름다운 상태이다. 정오는 하루 가운데 그림자가 가장 짧다. 태양과 정수리가 일직선이 되어 발바닥 밑으로 그림자가 사라진다.

위대한 정오는 환하디환하다. 얼룩 한 점 없고 물기조차 묻어나지 않는 마음이 된다. 이 경지에 올라선 사람은 얼굴이 밝고 눈길은 맑다. 넘쳐나는 사랑으로 삶이 후끈후끈하다.

니체는 왜라는 질문의 촉발을 자신의 과제로 여겼다. 왜라는 질문을 통해 그림자를 극복하고 위대한 정오에 도달할 수 있기 때문이다. 그래서 위대한 정오에 다다르고자 노력했을 뿐만 아니라 타인들도 위대한 정오에 이를 수 있도록 자극했다. 삶이 무의미하다는 사람들의 마음속 그늘을 불사르고자 이글거리는 글을 썼다.

인간은 저마다 과제가 있게 마련이다. 우리도 인생을 찬찬히 돌아보면서 이뤄야 할 것을 찾아야 한다. 우리는 위대한 정오에 도달하고, 이와 더불어 자신의 과제를 창조해야 한다.

내 과제는 위대한 정오를 준비하는 것이다. 위대한 정오란
인류가 자신을 성찰하는 최고의 순간이다. 이때 인류는 과
거를 돌아보고 미래를 내다보면서 왜? 무슨 목적으로? 라
는 질문을 모두 헤아리면서 최초로 제기할 것이다.

내 인생의 정오 같은 순간은 언제였을까?

오늘 하루, 나는 내 과제를 향해 한 발짝이라도 나아갔을까?

79

자신이 현재 천국이 아닌 현실에 살고 있다는 걸 안다. 그렇지만 자신이 천국에 있음을 느끼기 위해서나 영원하다고 느끼려면 어떻게 살아야만 하는지 깨닫는다. 바로 이러한 자각이 구원이다. 고집스러운 신앙이 아닌 마음의 변화에서 구원이 이뤄진다.

현실에 옹골차게 발을 딛고 자신이 살아 있다는 사실을 생생하게 느끼기란 말처럼 쉬운 일이 아니다. 우리는 고달픔과 애달픔으로 일렁이는 대지에서 벗어나 하늘나라의 달착지근함만 맛보길 원한다. 그리하여 사람들은 괴로운 일상에서 달아나기를 달뜨게 꿈꾼다. 현실을 지옥으로 여기면서 천국을 열망한다.

삶이 괴롭기에 구원을 바라는 건 인지상정이다. 그렇지만 진정으로 구원받는 사람은 몹시 드물다. 마음이 날마다 나부끼는데도 특정한 교리를 맹신하면서 자신이 구원받았다고 망상하는 경우가 허다하다. 종교에 매몰된 나머지 사람이 매몰차지는 경우마저 있다.

구원을 조심해야 한다. 구원 때문에 삶이 구슬퍼지기에 그렇다. 우리는 구원에서 구원받을 필요가 있다. 구원에서 구원되려면 죽을 때까지 천국을 막연히 기다릴 게 아니라 자신의 현실을 천국으로 바꿔야 한다. 현실을 천국으로 격상시키려면, 먼저 어떻게 살아야 할지 궁리해야 한다. 그리고 각오하며 실천해야 한다. 이런 깨달음과 변화야말로 구원이라고 니체는 설파한다. 마음에 따라 현실이 달라진다. 마음이 지옥이면 지옥이고, 마음이 천국이면 천국이다.

구원이 죽어서 천국에 가는 일이라고 믿는 이들을 니체는 도발한다. 그렇다면 얼른 이 세상을 떠나 천국에 가라고 말이다. 그러나 죽은 다음에 자신은 천국에 간다고 외치는 이들마저 죽기를 극도로 거부한다. 그렇다면 구원이란 죽은 다음에 일어나는 게 아니다. 지긋지긋하게 고집스러웠던 나의 마음이 살아생전에 열리는 일이야말로 구원이다. 내 마음이 활짝 열릴 때 지금 여기에 하늘나라가 열린다.

지옥 같던 마음이 천국으로 탈바꿈되는 일이야말로 진정한 구원이다.

자신이 현재 천국이 아닌 현실에 살고 있다는 걸 안다. 그렇지만 자신이 천국에 있음을 느끼기 위해서나 영원하다고 느끼려면 어떻게 살아야만 하는지 깨닫는다. 바로 이러한 자각이 구원이다. 고집스러운 신앙이 아닌 마음의 변화에서 구원이 이뤄진다.

내 마음은 지옥에 가까울까, 천국에 가까울까?

나의 마음을 천국처럼 만들기 위해 어떤 작은 변화를 시작해볼까?

80

나는 삶에 실망하지 않았다. 세월이 흐를수록 삶이란 참되고, 열망할 가치가 있으며, 비밀로 가득하다는 사실을 발견한다.

니체의 삶은 순탄하지 않았다. 불과 24살에 대학교수가 되었으나 건강이 받쳐주지 않아 사직서를 제출할 수밖에 없었다. 애인은커녕 친구도 거의 없었다. 가족 안에서도 불상사가 생겼다. 어렵사리 책을 내더라도 팔리지 않았다. 당시에 니체를 알아주는 사람은 드물었다. 그는 100년이 지난 뒤에야 자신을 이해할 천재가 나타날 거라고 자위했다. 고독은 그림자처럼 평생 드리워졌다.

세상을 원망했어도 이상하지 않을 거 같은 상황인데, 니체는 그렇지 않았다. 그는 삶에 실망하기는커녕 도리어 삶이란 살아볼 가치가 있다는 걸 절실히 깨달았다. 비밀로 빼곡한 삶에 니체는 놀라워했고 즐거워했다. 인류는 삶에 대해서 충분히 알아냈으나, 더 밝혀내고 더 알아야 할 것들이 산더미이다.

삶에 이리 치이고 저리 채일 때 우리는 서러워 울거나 화내며 욕한다. 뜻하던 바가 좌절되면 절망에 빠진다. 이렇게 살 바엔 살고 싶지 않다면서 끔찍한 생각을 품기도 한다. 그런데 삶은 고통만 주지 않는다. 기쁨과 즐거움이 삶의 골목골목에서 나타난다. 우리는 인생길을 걷다가 넘어지지만, 가슴이 뻥 뚫리는 깨달음도 얻는다.

인생이란 놀라운 놀이이자 까다로운 과제로서 주어진다. 어릴 때는 미처 몰랐던 신비가 삶 속에 꿈틀거린다. 우리는 저마다 수수께끼를 풀면서 한 생을 살아간다. 마치 보물찾기 하듯 삶을 탐색하고 탐구하고 탐험하고 탐미한다. 우리가 성장하면 삶은 자신의 비밀을 내비치고, 내면의 빛이 환해진다. 나이가 들수록 삶을 열망할 가치가 있다고 니체가 웅변한 이유이다.

나는 삶에 실망하지 않았다. 세월이 흐를수록 삶이란 참되고, 열망할 가치가 있으며, 비밀로 가득하다는 사실을 발견한다.

나이가 들면서 오히려 삶이 더 살아볼 가치가 있다고 느낀 적은 언제였을까?

지금 내 삶 속에 아직 풀리지 않은 수수께끼 같은 비밀은 무엇일까?

Friedrich Wilhelm Nietzsche

니체가 묻고 내가 답하는 100일 인생문답

81 - 100

5장

의지

나는 잘 살고자 한다.
나에게는 그럴 힘도 있고, 의지도 있다.
인생을 사랑하지 않을 도리가 없다.
바람이 나를 간질인다. 날개를 활짝 펴야겠다.

지독한 슬픔에 갇혀 있는 사람은 행복할 때 자신의 정체가 폭로된다. 그들은 질투 때문에 행복을 짓눌러 질식시키려는 듯 붙잡는다. 아, 그들은 행복이 자신에게서 도망치리란 것을 뼈저리게 알고 있다.

모두가 행복을 원하지만, 행복만큼 불평등한 것이 없다. 소수의 사람이 행복을 누리는 데 비해 대부분의 사람은 행복하지 않다. 행복을 잠깐의 쾌락이나 모자람이 채워져서 생기는 충족감이라고 착각하기 때문이다. 그러나 행복은 평소에도 평온하고 만족스러운 정신상태이다. 이런 정신상태는 의식 수준이 더 높아져야 나타난다. 의식 수준과 행복은 비례한다. 의식 수준이 낮다면 행복할 수가 없고, 높다면 불행할 수가 없다.

니체는 의식 수준에 따른 행동의 차이가 뚜렷하다고 설명한다. 의식 수준이 낮으면 행복을 짓눌러서 질식시키려는 듯 행복에 매달린다. 행복이 자신에게서 도망가리라는 걸 가슴 시리도록 잘 알기 때문이다. 그렇지만 아무리 꽉 붙들어도 행복은 손에 쥔 모래처럼 빠져나가 버린다. 잠깐 불이 켜졌다가 꺼지면 더욱 깜깜해지듯 잠깐의 행복은 더 큰 불행으로 치닫는다.

행복은 야생동물과 비슷하다. 잡으려고 들면 득달같이 내뺀다. 우리는 행복이 알아서 오는 사람이 되어야 한다. 행복은 밝고 가볍고 명랑한 사람에게 달려든다. 어둡고 무겁고 우울하면 달아난다. 행복에 대한 강박에서 벗어나야 행복은 삶 속으로 슬며시 스며든다.

오랫동안 우리는 행복하지 못한 데다 행복해야 한다는 중압감 때문에 더 불행했다. 행복을 좇지 말고 자신의 목표를 좇아야 한다. 우리의 목표는 행복이 아니다. 행복은 전리품에 지나지 않는다. 의식 수준을 올리는 전투에서 승리하면 행복은 저절로 주어진다.

게다가 불행이 꼭 나쁘지만도 않다. 불행은 변화의 동력이 된다. 더 이상 불행하기 싫은 사람은 삶을 진지하게 고민하고, 의식 수준을 높여서 과거에 머물던 불행의 늪에서 빠져나온다.

지독한 슬픔에 갇혀 있는 사람은 행복할 때 자신의 정체가
폭로된다. 그들은 질투 때문에 행복을 짓눌러 질식시키려
는 듯 붙잡는다. 아, 그들은 행복이 자신에게서 도망치리
란 것을 뼈저리게 알고 있다.

최근에 행복이 '저절로 찾아왔다'고 느낀 순간은 언제였을까?

어떤 목표를 좇다가 행복을 전리품처럼 얻은 적이 있었을까?

82

더는 이렇게 살 수 없다는 간절한 외침이, 우리 안에서 울려 퍼질 때가 있다. 미지의 세계를 향한 불굴의 호기심이 모든 감각에서 불타오르며 우리를 모험으로 이끈다.

진절머리가 난다고 혼잣말을 할 때가 있다. 그럼 푹 쉬고 즐겁게 놀아야 한다. 그런데 여가를 충분하게 보냈는데도 신물이 난다. 최근에 설렜던 적이 있었는지 가물가물하다. 내일에 대한 기대도 이미 오래전에 사그라졌다. 겉보기엔 말쑥해도 마음이 말라비틀어져 있다. 그렇다면 지긋지긋함은 단지 지쳐서 생겨나는 현상이 아니다. 삶을 탈바꿈하라고 내가 나에게 보내는 간절한 전갈이다.

답답함을 깨고 나오는 힘이 우리에게 있다고 니체는 일러준다. 귀하디귀한 삶을 탕진하고 있다면, 이렇게 살아서는 안 된다는 마음이 불거진다. 이렇게 살 바엔 차라리 죽어버리겠다는 말은 정말로 죽겠다는 절망의 체념이 아니라 변화를 더 미뤄서는 안 된다는 절박한 표현이다. 낡은 과거가 죽어야 새로운 미래가 태어난다. 숨 막히던 상황에서 벗어나야 내면의 숨통이 트인다.

지금 우리는 안정에 집착하면서 천천히 죽어가고 있는지 모른다. 안정을 거머쥐려고 안달하나 안정은 늪이다. 안정을 탐닉하면 의욕이 잠식된다. 사랑스러운 삶은 찰랑거릴 수밖에 없다. 안정만 쫓다가는 삶이 껍데기처럼 되어버린다. 산 것 같지 않은 삶이 된다.

가보지 않은 미지의 세계에 대한 호기심이 용솟음칠 때가 있다. 모험을 떠나라는 신호이다. 안정의 탈을 쓰고 엉거주춤하던 과거와 작별할 때이다. 불안해도 낯선 땅으로 과감히 자신을 내던져야 한다. 모험을 감행한 사람의 가슴은 매 순간 축복처럼 팔팔하게 뛴다. 새로운 문을 두드릴 때, 두려움을 압도하는 두근거림이 생겨난다.

더는 이렇게 살 수 없다는 간절한 외침이, 우리 안에서 울려 퍼질 때가 있다. 미지의 세계를 향한 불굴의 호기심이 모든 감각에서 불타오르며 우리를 모험으로 이끈다.

'더는 이렇게 살 수 없다'는 절박함을 나는 언제 느꼈을까?

새로운 길에 도전해본 순간, 두려움 대신 두근거림을 느낀 적이 있었을까?

자유로운 인간은 전사이다.

약간의 차이가 있을지언정 다들 어느 정도는 부자유하다. 그래서 자유는 저항을 통해 측정할 수 있다고 니체는 말한다. 우리는 단박에 자유로워지지 않는다. 수많은 저항을 넘어서야만 가까스로 자유로워질 수 있다.

둘러보면 삶을 옥죄는 것들이 한가득하다. 더 나은 존재가 되려는 우리를 온갖 것이 가로막는다. 그것들에 얽히고설킬수록 삶은 지질해지고 꾀죄죄해진다. 그렇다면 자유는 자신을 억압하는 것들을 초월하면서 쟁취될 수밖에 없다. 나를 얽매는 것들을 자유의 디딤판으로 삼아야 한다. 디딤판을 밟고 뛰어올라야만 우리는 자유로워질 수 있다.

자유의 성취도 어려우나 유지도 힘겹다. 발목에 채워져 있던 족쇄를 끊어낸 뒤 높은 곳을 향하더라도 중력은 쉴 새 없이 우리를 잡아당긴다. 위로 올라가도 나를 끌어내리려는 것들이 줄곧 생긴다. 극복은 줄기차게 이뤄져야 한다. 그러므로 위에 머무르고자 치르는 노력을 통해 그 사람의 자유를 가늠할 수 있다고 니체는 강조한다.

자유는 엄마가 맘마를 주듯 주어지지 않는다. 투쟁해서 얻어내야 한다. 거저 굴러온 자유는 당분간 유지되는 것 같아도 사소한 일에 쉬이 사라진다. 장렬하게 전사하기를 각오하고 덤볐던 적 없이 지껄이는 자유란 헛소리에 지나지 않는다. 자유를 얻고자 싸운 적 없는 사람은 아직 풋내기에 불과하다.

부자유에서 자유로 나아가는 여정이 인생이다. 인생은 자신이 부딪친 딱 그만큼 자유로워진다. 싸우기를 두려워할수록 부자유해진다. 노예란 싸우기를 두려워하며 현실에 종속된 존재를 일컫는 말이다.

나는 지금 어떤 억압이나 족쇄와 싸우고 있을까?

자유를 지키기 위해 최근에 감내하거나 포기한 것은 무엇인가?

84

우리는 낡아빠진 예전으로 되돌아갈 수 없다. 진작에 우리는 배를 불사르고 말았다. 용감해지는 수밖에 없다.

복고가 유행한다. 지나간 노래들이 울려 퍼지고, 과거의 옷차림을 젊은이들이 따라 한다. 모든 게 돌고 돌기에 한편으로는 그러려니 할 수 있으나 다른 한편으로는 안타까운 모습이다. 그때 그 시절을 아련히 그리워하는 건 바람직하지 않다. 애처로운 향수는 대차게 앞길을 개척하지 못할 때 나타나기 때문이다.

복고풍은 어려운 시기에 분다. 현재가 우중충한 데다 암담한 미래가 그려지면 우리는 지난날을 힐끔거리게 된다. 앞으로 나아가지 못할 때 애잔하게 뒷걸음질을 친다. 씁쓸한 현실의 언저리를 맴돌면서 빛바랜 영광의 변두리를 기웃거린다. 왕년에 잘나갔다며 허풍떠는 노인처럼 우리도 짠하게 과거를 되새김질하는지 모른다.

니체는 과거에 붙들린 사람의 정수리를 죽비로 세차게 내리친다. 우물쭈물하지 말고 할 수 있는 것들을 성취하라고 사납게 호통친다. 안절부절못하는 자신을 다스리라고 다부지게 독려한다. 우리에게 필요한 건 현실을 외면한 채 과거로 되돌아가려는 청승이 아니다. 지금 현실에서 새로운 미래를 끄집어내고자 눈을 부릅뜨는 용기이다.

박차고 나가야 한다. 지난날은 진작에 지나갔다. 과거는 우리가 그동안 탔던 배인데, 이미 불타버려 없어졌다. 우리에게 남은 건 오로지 현재뿐이다. 현재라는 신세계가 펼쳐지고 있다. 우리는 질풍노도의 대양으로 용감하게 나아가야 한다. 팔을 쭉 뻗어 지금 이 순간을 꽉 잡아야 한다.

새로운 미래를 만들기 위해 당장 시도할 수 있는 한 가지가 있다면 무엇일까?

오늘 내가 용감하게 붙잡아야 할 '현재라는 순간'은 무엇인가?

85

새로운 미래는 웃음 속에서 잉태되고 있다. 궁극의 해방에 이르는 길이 개개인 모두에게 열린다. 웃음과 지혜가 결합한 즐거운 학문만이 남는다.

미래를 내다보는 영검한 점술가가 있다. 그는 우리의 앞날이 지난날과 거의 같으리라고 예언한다. 그럼 우리는 얼굴이 붉어지면서 그의 멱살을 잡을지도 모른다. 미래가 확 바뀌길 바라며 그토록 참고 견디어왔는데, 우리의 희망을 산산조각내니 말이다. 그렇지만 그 점술가는 참말로 신통하다. 미래는 과거와 별로 다르지 않을 테니까.

앞날이 뻔할 거라는 예측은 용하게도 들어맞을 수밖에 없다. 우리의 미래는 결국 우리 스스로 빚어내는 것이다. 자신의 미래가 궁금하다면 자신의 오늘을 보라.

우리는 행복하길 바라면서도 정작 새로 시도하는 건 별로 없다. 인생이 달라지길 원하면서 어제처럼 오늘을 보낸다면 공부하지 않는 수험생의 꼴이나 다름없다. 매번 떨어지면서도 언젠가는 합격하리라 기대하는 딱한 장수생 말이다.

미래가 과거의 재탕이 아니려면 어떻게 해야 할까? 니체는 함박웃음 속에서 미래가 새롭게 잉태된다는 통찰을 내놓는다. 엄숙한 표정을 짓는다고 삶이 풀리지 않는다. 도리어 잘 살기 위해서라도 웃을 줄 알아야 한다. 힘들다고 울상이면 서러운 미래가 기다리나 힘들어도 웃는 사람은 자신의 운명마저 뒤바꾼다. 잘 웃는 사람은 삶에 가해지는 무게에도 자신의 일상을 거뜬히 지탱하고, 슬픔을 어루만져 기쁨으로 너끈히 승화시킨다.

지금부터라도 웃어야 한다. 정말로 지혜로운 사람은 잘 웃는다. 습관처럼 인상을 찌푸리면 아마 삶의 막판까지 울상일 테지만, 어깨춤을 추면서 상큼하게 웃는 사람은 삶의 마지막에서조차 상쾌할 것이다.

새로운 미래는 웃음 속에서 잉태되고 있다. 궁극의 해방에 이르는 길이 개개인 모두에게 열린다. 웃음과 지혜가 결합한 즐거운 학문만이 남는다.

거울 속 근엄한 내 얼굴을 바꾸기 위해 미소를 지은 적이 있을까?

힘들어도 웃어야 한다는 니체의 말에, 나는 어떻게 공감하거나 반박할 수 있을까?

86

책임 있는 일을 하면서도 명랑함을 유지하는 건 놀라운 일이다. 그런데 그 무엇이 명랑보다 더 필요하단 말인가?

이제부터라도 정신을 똑똑히 차려야 한다. 나이가 들수록 큰 대가를 치르고 있기에 그렇다. 바로 명랑의 상실이다. 한해 한해 나이를 먹어갈수록 우리는 명랑을 잃어버린다. 어릴 때는 신선한 생각이 번뜩이고 제풀에 뛰어다니던 우리가 어느새 신산한 삶에 지쳐서는 풀이 죽어있다.

세상에는 점잖은 사람이 되라는 분위기가 깔려있다. 게다가 어른이 되어갈수록 삶의 무게가 확 달라진다. 짊어져야 하는 부담이 자꾸만 늘어난다. 더군다나 세상으로부터 자신을 보호하고자 갑옷을 걸친다. 명랑함이 사그라진 얼굴에다 철가면을 쓴다. 그렇게 마음이 무겁게 녹슨다.

책임감이 커질수록 묵직해질 수밖에 없다고 우리는 변명을 늘어놓는다. 그러나 성숙과 무게를 헷갈리지 말라고 니체는 반론을 펼친다. 우리는 무거워진 자신을 마치 성숙한 것처럼 착각한다. 그러나 무거움은 결코 성숙이 아니다. 세파에 찌든 나머지 때가 많이 껴서 무거워진 것에 불과하다. 얼마든지 성숙하게 명랑할 수 있다. 어른이라고 해서 칙칙한 옷을 입고 굳은 표정을 하라는 법이 없다. 체통을 지키느라 자기 자신과 소통하지 못하면 반드시 분통이 터지게 마련이다.

인생에서 명랑만큼 중요한 것이 없다. 평소의 인상이 미소를 머금고 있지 않다면 뭐가 잘못되어도 단단히 잘못되었다는 선명한 증거이다. 삶은 새침한 고양이처럼 이따금 앞발로 후려치기도 하지만 평소엔 간지럽히면서 우리를 배시시 웃게 만든다. 삶을 사랑하는 사람은 명랑하다. 가볍게 밝을수록 더 높은 경지에 오른다.

타인들의 눈총과 압박을 극복하여 늘 명랑하고 쾌활하라.

책임감에 짓눌려 명랑함을 잃어버린 때가 언제였을까?

나는 어른이 된 뒤에도 여전히 웃음을 지니고 살아가고 있을까?

위대한 과제를 대하는 방법으로 유희보다 더 좋은 게 없다. 가볍게 즐기는 자세가 바로 위대함의 징표이자 위대한 과제를 해내기 위한 전제 조건이다.

고비를 넘지 못하고 주저앉은 적이 누구나 있게 마련이다. 그동안의 노력과 뒷바라지해 준 가족들을 생각하면 반드시 성과를 내야 하는 상황이었다. 바로 그렇기에 실패는 예정 되어 있었는지 모른다. 그토록 초조해하며 긴장했는데도 결과가 좋았다면 그게 더 희한 한 일일 테니 말이다.

우리는 삶을 너무나 심각하게 대했다. 성공 또는 나락이라고 섣불리 단정했다. 인생의 광 활함과 장엄함을 미처 헤아리지 못했다. 우리는 한참 시간이 지난 뒤 그 시절을 떠올리면 서 자신의 미흡함을 뒤늦게 깨달을 뿐이다. 어깨의 힘을 빼고 편안하게 임했다면 더 좋은 결과를 얻었을 수도 있었음을 그때는 알지 못했다.

잘해야만 한다는 각오는 훌륭한 마음가짐이지만 한편으로는 자신의 수준을 더 높여야 한 다는 고백이기도 하다. 결과로 보여주겠다는 압박은 평소의 실력을 발휘하기 어렵게 만 든다. 중압감을 누그러뜨려야 자신의 내공을 남김없이 펼쳐낼 수 있다. 진정한 고수들은 언제 어디서나 한결같이 여유롭다.

우리는 앞으로도 여러 번 중요한 관문에 들어설 것이다. 그때 놀이하듯 해보라고 니체가 권유한다. 정말로 성과를 거두고 싶다면 심호흡한 뒤 빙그레 웃으며 너스레를 떨 줄 알아 야 한다. 위대함을 달성하는 사람은 매사를 가볍게 즐긴다. 뭐든지 다채롭게 음미하면서 홀가분하게 살아가는 모습이야말로 위대한 사람의 특징이다.

뛰어난 사람은 삶의 시험에 들어섰을 때 타인에게 위로를 구하지 않는다. 오히려 기분이 좋아서 위로 뛴다. 경직되기는커녕 경쾌하다.

위대한 과제를 대하는 방법으로 유희보다 더 좋은 게 없다. 가볍게 즐기는 자세가 바로 위대함의 징표이자 위대한 과제를 해내기 위한 전제 조건이다.

최선을 다했는데도 실패했던 이유는 무엇이었을까?

가볍게 즐기는 자세가 성과로 이어진 순간이 있었을까?

삶을 사랑하는 사람은 나비와 비눗방울을 닮는다. 행복에 관하여 가장 많이 알고 있는 존재는 나비와 비눗방울처럼 가볍고 명랑하다.

미국의 심리학자 에이브러햄 매슬로는 욕구의 단계들을 설정해서 유명해졌다. 생존, 안정, 소속감, 존경 같은 기본 욕구가 채워지면, 그다음에는 자기실현을 하고픈 욕구가 강렬하게 불거진다는 것이 매슬로의 사상이다. 웬만큼 먹고 사는 가운데 사회에서도 인정받고 타인들과 괜찮은 관계를 맺었다면, 더는 돈이나 인기나 명예를 좇지 않는다. 잠재력을 최대한 발휘해서 자기 실현하려는 욕구가 굴뚝같아진다.

자기실현에 성공한 사람들은 흥미로운 복합성을 지닌다. 이기적이면서도 이타적이고, 사람들과 잘 어울리면서도 혼자 있기를 즐기며, 자신의 취향이 확고한데도 낯선 체험을 좋아하고, 도도하면서도 털털하며, 사생활을 중시하면서도 개방적이고, 감수성이 풍부한데도 지성이 냉철하다. 양립하기 어려운 속성의 절묘한 조화로움이 자기실현을 한 사람의 특징이다.

니체의 말마따나 우리는 노예처럼 움츠리지 말고, 전사로 변신해서 세상을 향해 돌진해야 한다. 그렇다고 퉁명스러운 싸움꾼의 상태에 머무르면 안 된다. 우리가 세상을 향해 사납게 도전하는 까닭은 삶을 사랑하기 때문이다. 나 자신을 위해서라도 전사인 동시에 나비처럼 되어야 한다. 해독을 끼치는 것들에는 전사처럼 맹렬하게 저항하더라도 봄바람이 불면 나비처럼 춤춰야 한다.

우리는 한낱 나비이거나 단지 전사가 되어선 곤란하다. 나비이면서도 전사이고, 비눗방울이자 바위고, 사랑꾼인 사냥꾼이다. 자신을 단순하게 규정하지 말고, 내면의 무궁무진함을 발현하는 사람은 시를 쓰는 맹수가 된다. 너무나 다를 거 같은 속성을 통합할 때 자기실현이 이뤄진다. 아늑하면서 아찔한 사람으로 성장할 때 우리의 세계는 아름다움으로 아득해진다.

나는 자기실현을 진정으로 갈망하고 있는가?

나는 나비처럼 가볍고 전사처럼 강인할 수 있을까?

오랫동안 친절을 베풀면 감사의 보답이 돌아온다. 바로 낯설었던 무엇인가가 천천히 자신의 장막을 벗고, 아름다운 자신의 본모습을 새롭게 드러내는 일이다. 우리는 사랑하는 방법도 배워야 한다.

세상은 낯설다. 어느 날 우리는 이 지구라는 곳에서 태어나 낯선 사람들 속에서 쭈뼛거리며 살아간다. 아는 사람이 늘어나고 활동 범위가 넓어져도 여전히 세상엔 낯선 것투성이다. 인간관계도 낯설다. 처음엔 죽이 잘 맞는 것 같더라도 시간이 지나면 어긋나는 지점들이 생겨난다. 소중한 건 모두 시간이 필요하고, 인간관계는 김장김치처럼 묵혀야 제맛이 난다. 속을 터놓고 이야기하는 사이가 되기까지 오래 걸린다. 물론 시간이 지난다고 낯섦이 무조건 친숙해지지는 않는다. 마음을 열지 않으면 낯섦은 영원히 낯설 따름이다.

친절은 신비한 마법과 같다. 낯섦의 외투가 친절이라는 햇빛 속에서 벗겨지니 말이다. 마음의 벽은 친절 앞에서 스르르 녹아내린다. 한두 번의 친절에는 시큰둥했던 사람도, 잇따르는 친절에는 서서히 마음의 문을 연다. 그저 낯선 타인에 지나지 않았던 사람이 어느새 벗이 되어 내게 힘을 준다. 이것이 친절이라는 마법의 효과이다.

자신에게 돌아올 것을 계산하며 베푸는 친절은, 오히려 관계를 망친다. 보상을 바라지 않고 베푸는 친절은, 마음을 풍요롭게 한다. 자신의 수준이 높아질수록 태양이 지구에 햇살을 보내듯 샘에서 물이 솟아나듯 친절해진다. 존재감이 우람한 사람은 언제나 친절하다. 친절이란 사랑의 또 다른 이름이다. 우리는 사랑을 배워야 하고, 친절도 익혀야 한다. 우리는 모두 낯선 세계를 어렵사리 살아가는 이방인들이니까.

오랫동안 친절을 베풀면 감사의 보답이 돌아온다. 바로 낯
설었던 무엇인가가 천천히 자신의 장막을 벗고, 아름다운
자신의 본모습을 새롭게 드러내는 일이다. 우리는 사랑하
는 방법도 배워야 한다.

누군가 나에게 친절할 때, 나는 어떤 마음이 들까?

보상을 바라지 않고 친절을 베푼 적이 있는가?

90

이 세계에는 아름다운 것들이 넘쳐나나 아름다운 것들의 아름다움이 드러나는 순간은 너무나 적다. 그런데 어쩌면 이것이 우리 삶의 가장 놀라운 마법일지도 모른다.

세계는 기막히게 아름다우나 아름다운 순간은 몹시 드물다. 왜 그럴까? 세계란 원래 그 자체로 정해져 있지 않기에 그렇다. 나와 세계는 연동한다. 나의 존재 상태에 따라 세계가 변모한다. 내가 가만히 기다리면 세계는 커다란 가마니처럼 되어버린다. 내가 꿈쩍하지 않는 데 세계가 먼저 손을 내밀 리가 없다. 절실하게 도전해야만 다음 단계로 넘어가도록 밀어준다. 이처럼 자신이 어찌하느냐에 따라 생겨나는 변화를 강력한 마법이라고 니체는 여겼다.

삶은 수줍은 애인처럼 군다. 우리가 다가가면 좋으면서도 아직은 때가 아니라며 마지못해 밀어낸다. 삶과 나는 서로 밀고 당기는 중이다. 그러므로 여러 번 거절당했다고 해서 삶이 나를 싫어한다고 체념해서는 안 된다. 우리가 겪은 좌절과 퇴짜는 삶을 쉽게 보지 말고 진심으로 대하라는 주문이다.

인생에서는 마법 같은 일이 벌어진다. 삶을 사랑하기에 눈물을 훔치고 다시 일어나려는 사람에게는 놀라운 사건이 일어난다. 절망으로 받아들였던 지난날의 실패가 마음의 밑거름이 되어 새로운 희망을 꽃피운다. 진실하게 사랑하면 삶이 활짝 열린다. 삶에 대한 사랑이 삶을 변화시키는 마법이다.

니체는 삶이 가능성이라는 금실로 짠 장막에 덮여 있다고 여겼다. 삶의 장막을 억지로 벗겨내려 한다면 인생은 해진 넝마가 될 것이다. 사뿐사뿐 다가가 고이 다룬다면 삶은 놀라운 자태를 천천히 드러낼 것이다. 눈물겹게 어여쁜 나날이 펼쳐질 것이다.

잠시 눈을 감았다가 떠보라. 기막히게 아름다운 삶이 빛나고 있지 않은가.

어느 순간, 세상이 불현듯 아름답게 보였던 적이 있었나?

사소하지만 눈물이 날 만큼 가슴 뭉클했던 경험이 내게도 있었을까?

91

나는 대상을 바라볼 때 반드시 있어야 하는 거라면 아름답게 보는 방법을 더 배우고자 한다. 그리하여 사물을 아름답게 만드는 사람이 되고자 한다.

1917년, 한 전시회에서 기절초풍할 일이 벌어졌다. 당시 화장실에 비치되었던 남자 소변기를 누군가가 출품한 것이었다. 심사위원들은 불쾌감을 감추지 못했고, 행사관계자는 소변기를 후다닥 치워버렸다. 소변기를 따로 촬영해서 예술잡지에 보냈어도 그 사진은 실리지 못했다.

이 소변기는 마르셀 뒤샹의 샘이라는 작품으로 현대예술을 혁명했다고 평가받고 있다. 뒤샹은 평범한 소변기를 예술작품이라고 당당히 내놓았다. 이전까지는 손수 공을 들여야만 예술이라고 여겨졌는데, 뒤샹은 예술에 대한 정의를 뒤집어버렸다. 예술에서 중요한 건 대상의 창조가 아니라 개념의 창조였다.

흔해 빠진 소변기가 뒤샹의 눈길을 받자 예술품이 되었다. 마찬가지로 세상의 모든 것은 그 자체로 정해져 있지 않다. 나의 관점에 따라 가치평가가 달라진다. 이러한 통찰이 니체의 관점주의다. 관점주의란 우리가 각자의 관점을 통해 세계의 일부만을 인식할 수 있다는 사상이다. 그렇다고 자신의 관점에 한계가 있다고 위축될 게 아니다. 인간은 저마다 관점을 가질 수밖에 없다. 그렇다면 남들이 부과하는 관점이 아니라 자신만의 관점으로 세상을 바라보라고 니체는 역설했다.

세상 풍경에 언짢거나 심드렁할 수 있는데, 자신은 이제부터 아름답게 보는 방법을 더 배우겠다고 니체는 다짐했다. 어떤 것도 그 자체로 가치가 결정되지 않는다. 그 무엇이든 얼마든지 다른 가치를 매길 수 있다. 이처럼 예전과 다르게 인식하면 세상은 사뭇 새로워진다. 새로운 인식이야말로 새로움의 창조다. 갑자기 모든 게 바뀌어서 세상이 아름다워지는 게 아니다. 나의 관점이 달라져야 세상이 아름다워진다. 내가 어여쁘게 보기 시작하면 세상은 황홀하게 다가온다.

변기도 지그시 들여다보면 예술품으로 변한다. 하물며 인생이라는 지극히 놀라운 예술작품에 대해 더 말해 무엇하랴.

나는 대상을 바라볼 때 반드시 있어야 하는 거라면 아름답
게 보는 방법을 더 배우고자 한다. 그리하여 사물을 아름
답게 만드는 사람이 되고자 한다.

평범하게 그냥 지나치던 것이, 어느 순간 새롭게 보였던 적이 있었나?

하찮아 보이던 것에서 아름다움을 느꼈던 경험이 있을까?

92

높은 곳을 향해서 성장하기, 이것이 우리의 운명이다. 조금은 불길하다. 점점 더 위험에 가까이 다가가며 살아야 하니 말이다. 그러나 바로 이 점이 우리의 명예이다.

어떻게 살아야 할지 긴가민가하다. 갈팡질팡하면서 발을 동동 구르는 우리에게 니체는 방향을 알려준다. 그의 손가락은 위를 가리킨다. 높은 곳을 향한 성장이 우리의 운명이라고 니체는 단언한다. 그의 말마따나 위로 올라가야만 한다. 우리는 더 높은 수준에 도달하고자 태어났다. 그냥 허투루 허송세월하다가 이승과 하직해서는 안 된다.

우리는 어리바리했던 사춘기 때보다 성숙했다. 1년 전과 비교해봐도 우리는 더 강건해졌다. 어리숙했던 시절로 돌아가고 싶지 않듯 몇 년 뒤의 나는 지금의 나를 안쓰럽게 바라볼 것이다. 그렇다. 우리는 위로 올라가야 한다. 자신을 개선하고자 진력하면 미래는 현재보다 훨씬 나아질 것이다.

시간을 가로축으로, 의식 수준을 세로축으로 그려보라. 그리고 삶의 추세를 훑어보면 자신이 우상향한다는 사실을 알게 된다. 그렇다면 우리는 더 높은 곳으로 오르고자 박차를 가해야 한다. 위험을 무릅쓰지 않고는 상승할 수 없다. 높은 곳을 정복하려면 위험과 고통을 감수해야 한다. 니체는 위험하게 살라고 가르친다. 화산에다 도시를 세우고, 자신의 배를 미지의 바다로 띄우라고 말이다.

더 높은 존재가 되려는 노력은 등산에 비유할 수 있다. 산에 오르는 일은 귀찮고 힘든 데다 오래 걸린다. 그렇지만 애써서 산꼭대기에 오르면 시야가 확 트인다. 시원한 바람이 감싸면 저절로 휘파람이 나오고, 내면에서는 뿌듯한 성취감과 싱싱한 활력이 샘솟는다. 산 중턱에서 발걸음을 돌린 사람은, 그런 체험을 전혀 알지 못한다.

산등성이에 안주하지 말라. 인간으로 태어났으면 정상에 도전하라.

높은 곳을 향해서 성장하기, 이것이 우리의 운명이다. 조금은 불길하다. 점점 더 위험에 가까이 다가가며 살아야 하니 말이다. 그러나 바로 이 점이 우리의 명예이다.

더 높은 곳으로 오르기 위해, 어떤 위험을 감수해본 적이 있을까?

정상에 섰을 때 누구에게 가장 먼저 소식을 전하고 싶은가?

93

친절한 표정의 가면을 항상 쓰면 마침내 기분을 훌륭하게 조절하는 힘이 생긴다. 매사에 자상한 사람이 된다. 처음에는 친절한 표정의 가면이었으나 언제나 썼더니 여유가 늘 뿜어진다. 그는 관대하고 좋은 사람이 된다.

열심히 살다 보면 누구나 한 번쯤은 1등이 된다. 그러나 으뜸의 자리를 지키기란 몹시 어려운 일이다. 경쟁자들이 그 자리를 호시탐탐 노리는 데다 사소한 잘못 하나에도 곧장 밀려나니 말이다. 높은 지위를 얻는 일에는 어느 정도 운이 따르나 오랫동안 정상을 차지하는 건 운만으로 설명할 수 없다. 운에다 실력 그리고 인덕을 갖춰야 한다. 인덕이 있다고 꼭 첫째가 될 수 있는 건 아니지만, 인덕이 없으면 꼭대기에 올라가도 단박에 미끄러진다. 어느 사회든 오랫동안 최정상을 지키는 유명인사가 있다. 그들을 살피면 공통점을 발견할 수 있다. 바로 인덕이 있다는 점이다. 그들은 부귀영화를 누리더라도 자만하지 않는다. 나태하지 않고, 나른하지 않으며, 나대지 않는다. 남들 모를 때에 고삐를 바짝 잡아당긴다. 주변에는 훈훈한 미담이 넘쳐난다. 그렇다면 우리가 부러워해야 하는 건 최고의 자리가 아니라 실력과 인덕을 갖추기 위한 최선의 노력이어야 한다. 최고의 자리는 언제든지 뺏길 수 있어도 최선의 노력은 그 누구도 빼앗지 못하니까.

어느 분야든 최정상을 찍은 사람은 꽤 비슷하다. 환한 인상에 눈빛이 초롱초롱하며 타인에게 따뜻하다. 그들이라고 해서 날 때부터 인덕을 갖춘 건 아니다. 그들 역시 우리와 다를 바 없이 세파에 나부끼며 흔들리는 사람들이었다. 그렇지만 그들은 인덕을 갖추고자 최선의 노력을 다했다. 친절한 표정의 가면을 항상 착용하고 자신의 기분을 조절하려고 끈덕지게 애썼다. 처음에는 연기였을지 몰라도 꾸준히 정진한 결과 마침내 자상하고 좋은 사람이 된 것이다.

어떤 사람이 되고 싶으면 당장 오늘부터 그 사람처럼 굴어라. 차츰차츰 나는 그 사람이 되어갈 테니.

친절한 표정의 가면을 항상 쓰면 마침내 기분을 훌륭하게
조절하는 힘이 생긴다. 매사에 자상한 사람이 된다. 처음
에는 친절한 표정의 가면이었으나 언제나 썼더니 여유가
늘 뿜어진다. 그는 관대하고 좋은 사람이 된다.

나는 어떤 사람으로 기억되고 싶은 걸까?

지금의 나는 관대하고 친절한 사람이 되기 위해 무엇을 하고 있을까?

94

우리는 오르기 위해, 더 높은 존재가 되기 위해 태어났다.

작가 니코스 카잔차키스는 『그리스인 조르바』, 『최후의 유혹』 등의 작품으로 유명하다. 그의 자서전을 보면 오름이라는 단어로 서막을 연다. 항상 자신을 채찍질한 단어가 오름 이라고 연거푸 거론한다. 니체에게 영향을 듬뿍 받은 카잔차키스답게 그는 남들과 비슷 한 수준에 머물려고 하지 않았다. 더 높이 오르고자 고민하며 글을 썼다.

가톨릭 사제 출신으로 고생물학자이자 지질학자였던 피에르 테야르 드 샤르댕도 오름을 중시했다. 그는 수많은 화석을 발굴하고 생명의 역사를 연구한 끝에 이렇게 서술했다. 진 화란 의식을 향해 오르는 일이라고 말이다. 억만년의 역사 속에서 진화가 마침내 가장 으 뜸가는 의식에 다다르리라고 피에르 테야르 드 샤르댕은 예견했다. 협소한 이기심을 극 복하면 더 넓고 평화로운 의식이 출현하리라고 내다봤다.

우리의 의식은 그냥 우연히 주어진 거 같지만, 그렇지 않다. 억겁의 시간 속에서 필연처럼 나타난 결과가 의식이다. 우리는 의식을 통해 깨어나서는 자신이 누구인지 묻고, 어떻게 살지 궁리한다.

인간은 우주의 티끌로 만들어졌다가 의식의 생명체로서 살아본 뒤 우주로 되돌아간다. 왔던 곳으로 돌아가기 전에 우리는 더 높이 올라야 한다. 그저 먹고사는 것만으로 우리가 흡족하지 못하는 까닭도 의식이 있기에 그렇다. 의식이 없다면 우리는 그저 흙덩이에 지 나지 않는다. 의식이 있기에 우리는 세상의 진실을 찾으려 들고, 의식 수준을 높이고자 노 력한다.

그렇다. 우리는 니체처럼 선포해야 한다. 나는 오르기 위해, 더 높은 존재가 되기 위해 태 어났다고!

나는 지금까지 얼마나 올라왔을까? 돌아보면 어떤 길을 걸어왔을까?

나는 더 오르기 위해 무엇을 해야 할까?

95

나의 가르침은 자신을 건전하며 건강한 사랑으로써 사랑하는 법을 배워야 한다는 것이다.

우리에게는 청개구리 같은 심리가 있다. 타인의 말이 옳다고 여겨져도 그 말을 받아들이지 않고 반발하게 된다. 니체의 가르침에도 어깃장을 내고 싶어진다. 왜 굳이 더 높은 존재가 되어야 할까? 그냥 저급하게 사는 것도 한판의 인생이지 않나? 왜 낮은 수준을 나쁘다고 비하하는가?

이처럼 우리를 꼭대기로 끌어 올리려는 니체에게 반기를 들고 골짜기로 미끄러져 내려가고 싶을 수 있다. 우리 내면에는 자신을 아끼면서 가꾸려는 마음만 있지 않다. 자신을 업신여기면서 어그러뜨리려는 마음도 있다. 자신을 성장시키는 마음만 있었다면 우리는 진작에 훌륭해졌을 것이다. 하지만 우리 안에는 자신을 미워하고 파괴하려는 충동이 있기에 우리는 힘겹게 자신과 씨름해야 할 운명이다. 바로 이러한 씨름에서 이기도록 니체는 힘을 보탠다.

우리가 자신의 이기심을 극복한다면 삶이 개운해진다. 자신에게 처참하게 진 사람은 의식 수준이 처참할 수밖에 없고, 의식 수준이 처참하다면 결코 사랑을 이해하지 못한다. 이해하지 못하는 사랑을 자연스레 주고받기는 어렵다. 사랑이 줄어들수록 존재감은 줄어든다. 하찮고 편찮은 사람은 사랑도 하찮고 편찮다. 우리가 괜찮아져야만 사랑도 괜찮게 할 수 있다. 사랑과 삶은 나의 수준에 따라 좌우된다. 자신의 존재가 커지는 만큼 사랑도 커지고, 삶의 지평도 확장한다.

나로 태어난 건 운명이다. 이 운명을 사랑하고, 자신을 사랑하기 위해 우리는 공부한다. 의식 수준이 높아질수록 자신을 뿌듯하게 사랑할 수 있다. 높은 수준에 도달한 사람은 타인을 깍듯하게 사랑하고, 세상을 애틋하게 사랑하며, 운명을 산뜻하게 사랑한다.

나는 나 자신을 괜찮게 사랑하고 있을까, 아니면 하찮게 여기고 있을까?

나를 건강하게 사랑하기 위해 지금 할 수 있는 게 무엇일까?

96

우리는 우리의 열정 안에서 지혜로운 영웅과 어리석은 광대를 발견해야 한다. 나 자신의 지혜를 만끽하기 위해서라도 가끔 자신의 어리석음에 즐거워할 줄 알아야 한다.

니체는 올라가라고 채근만 하지는 않는다. 때때로 우리 자신을 위아래로 바라보면서 울고 웃으며 충분히 쉬어야 한다고 속삭인다.

나를 잘 모른 채 나로 태어나서 나로 살아가는 건 막막하고 먹먹한 일이다. 그런 나를 부둥켜안고 우리는 여기까지 잘 왔다. 아직 갈 길이 멀지만, 무작정 달음박질친다고 전진할 수 있는 건 아니다. 앞으로 나아가기 위해서라도 에둘러가야 할 때가 있다. 산등성이를 굽이굽이 돌아야 산마루에 오를 수 있다.

고생 끝에 높은 경지에 이르면 삶이 달라진다. 이전에는 보이지 않던 것이 보이고, 과거에 자신이 왜 그런 행동을 했는지 이해하게 된다. 자신을 온전히 수용하고 화해하는 일, 그건 더 높은 차원에서 자신을 파악할 때만 가능하다. 높은 경지에 이르러야 내면 깊숙이에 다다를 수 있다.

물론 자기 삶을 받아들이는 일이 쉽지 않았다고 니체도 고백했다. 그만큼 자신을 사랑으로 수용하기가 어렵기에 인생을 걸고 해야 한다. 자기와 화해하는 일은 인생을 걸 만큼 가치가 있다. 높은 차원의 인간이 되면 자신을 사랑하는 만큼 유연해진다. 예전에는 가혹하게 자신을 닦달했다면 이제는 자신의 부족한 점을 귀엽게 여길 수 있다. 완벽해지려는 강박에서 벗어나고, 나아지고자 노력하는 자신을 긍정하게 된다.

우리 안에는 지혜로운 영웅이 어리석은 광대와 어깨동무하고 있다. 자신을 긍정하며 사랑하는 사람은 빛뿐 아니라 자신의 어둠마저도 어여삐 여긴다. 과거에는 끔찍했던 것이 깜찍해진다. 예전이라면 상상조차 할 수 없었던 인자한 마음가짐이다.

우리는 우리의 열정 안에서 지혜로운 영웅과 어리석은 광
대를 발견해야 한다. 나 자신의 지혜를 만끽하기 위해서라
도 가끔 자신의 어리석음에 즐거워할 줄 알아야 한다.

내 안의 어리석음을 귀엽게 웃어넘긴 적이 있었을까?

실패나 실수조차 내 삶의 일부로 사랑해본 적이 있었을까?

어찌 내 생애를 감사하지 않을 수 있겠는가.

많은 이들이 걸핏하면 불만을 늘어놓는다. 자신에게 불리한 조건을 불평하느라 입에서 불난다. 만족이란 몹시 희귀한 마음가짐이다. 대다수 사람이 죽을 때까지 볼멘소리한다. 화창한 날에는 덥다고 투덜거리고, 비가 오면 축축하다고 투정을 부린다. 그저 죽음을 피하려는 본능 때문에 어영부영 연명할 뿐, 삶을 사랑하지는 않는다.

분명히 삶은 괴롭다. 아픔과 슬픔이 줄기차게 생겨나고, 부담스러운 것도 잔뜩 있다. 예상치 못한 사달이 나고, 거북한 사건도 겪는다. 더군다나 우리는 수많은 다툼과 말썽을 자초했다. 인생을 돌아보면 실수와 잘못과 시행착오로 범벅이다.

니체도 마찬가지였다. 니체의 삶을 찬찬히 살피면 니체처럼 살고픈 사람은 거의 없을 것이다. 아버지가 없는 가정에서 자랐고, 사람들로부터 온전하게 이해받지 못했다. 결혼은 커녕 애인조차 없었다. 평생 몸 여기저기에 탈이 나서 고통받았다. 그런데 이런 니체가 자신은 삶에 감사하다고 한 글자 한 글자 꼭꼭 눌러썼다.

우리는 온갖 것들을 체험하며 살아간다. 살지 않았다면 이렇게 책을 읽을 수 없었을 테고, 배움의 즐거움을 얻지 못했을 것이다. 태어나지 않았다면 사랑을 나누지 못했을 테고, 날마다 펼쳐지는 순간순간을 누리지도 못했을 것이다. 고통은 성장을 위한 대가이다. 인생이란 어마어마한 행운이자 귀하디귀한 기회이다. 감사하지 않을 수 없다.

삶은 그 자체로 기적이지만 대부분 사람은 이 기적을 만끽하지 못한다. 인생은 감사하는 사람에게만 기적이고, 삶에 감사하는 사람에게는 날마다 기적이 일어난다.

나는 지금 내 삶을 마음 깊이 감사하고 있을까?

사소한 일상 속에서 기적처럼 느껴졌던 순간이 있었을까?

98

인간의 위대함을 위한 공식이 있다. 바로 아모르 파티amor fati이다. 아모르 파티란, 과거와 미래를 통틀어 다른 것이 되기를 영원히 원하지 않는 것이다. 나에게 주어진 필연의 것들을 그저 견뎌내지 말고, 더더욱 감추지 않으며, 도리어 열렬히 사랑하는 것이다.

라틴어 제목의 노래가 대단히 사랑받고 있다. 가수 김연자가 부른 아모르 파티이다. 이 곡이 처음 발표되었을 때는 반응이 없었다. 그냥 묻혔다. 그러다 한참 시간이 지나서야 역주행하더니 방방곡곡에서 울려 퍼진다.

아모르 파티는 운명을 사랑하라는 뜻으로 니체가 일궈낸 눈부신 사상이다. 운명애란 자기 자신을 운명으로 받아들이고 사랑하겠다는 결심이고, 타인을 흉내 내지 말고 자기 자신이 되겠다는 각오이며, 타인의 눈치를 보지 않고 당당하게 살아가겠다는 의지이다.

높은 수준의 사람만이 운명애를 할 수 있다. 운명을 사랑한다는 건 필연을 사랑하는 일이다. 우리에게는 필연의 결과가 수두룩하다. 외모, 가족, 고향, 성별, 민족, 국가 등등 일찍이 정해진 것들 말이다. 우리는 필연의 것들에 떨떠름한 편이다. 그저 견뎌내거나 감추려 든다. 그럴수록 자신이 못마땅해진다. 자신을 거리끼는 사람이 사랑스러울 리가 없다.

사랑스러운 사람은 자신을 숨기지 않는다. 있는 그대로 펼쳐낸다. 진솔함과 용기가 사랑스러움을 자아낸다. 필연으로 부여된 것들을 사랑하는 건 자신의 운명을 사랑하는 셈이고, 운명을 사랑하면 사랑스러운 사람이 된다. 사랑스러운 사람은 계시를 받은 시인처럼 자신은 이렇게 살 수밖에 없었다며 자신의 운명을 시인한다. 고약한 운명이더라도 고마워하면서 자신에게 딱 맞춰 처방한 약으로 받아들인다. 운명에 대한 사랑은 의식 수준을 도약시킨다.

니체는 아모르 파티를 달콤하게 속삭인 사랑스러운 사람이다. 사랑꾼 니체는 자신의 여러 책에서 이렇게 외친다. 운명을 사랑하라.

인간의 위대함을 위한 공식이 있다. 바로 아모르 파티_{amor} _{fati}이다. 아모르 파티란, 과거와 미래를 통틀어 다른 것이 되기를 영원히 원하지 않는 것이다. 나에게 주어진 필연의 것들을 그저 견뎌내지 말고, 더더욱 감추지 않으며, 도리어 열렬히 사랑하는 것이다.

나는 내 운명을 받아들이고 있을까, 아니면 피하고 있을까?

지금 내가 사랑해야 할 내 운명의 한 부분은 무엇일까?

99

『유고(1881년 봄~1882년 여름)』

아득히 낯선 천상의 은총과 은혜를 꿈꾸면서 하염없이 기다리지 말고, 지금 이 대지 위에서 다시 똑같이 살고 싶어 하며, 영원히 그렇게 살고 싶은 것처럼 그렇게 살아라.

현대인은 삶을 직선으로 간주하는 습성이 있다. 태어나서 살다가 죽음을 마침표로 모든 게 끝난다는 생각이다. 삶이 직선이라는 생각은 그 누구도 증명한 적이 없다. 인류사를 찬찬히 둘러보면, 대부분 문명은 삶을 동그라미로 바라보았다. 죽음이 끝이 아니라는 믿음이 세계에 널리 퍼져있다.

니체 역시 삶이 직선이라는 생각에 어깃장을 내면서 영원회귀란 개념을 고안했다. 삶과 죽음이 반복되면 어떨지 상상해보자고 제안한 것이다.

모든 게 돌아온다. 우주는 멸망했다가 다시 생겨나기를 거듭한다. 태양계가 생성되고 지구가 만들어지고 생명이 진화하면서 인간이 등장하고 그에 따라 똑같이 나도 인생의 무대에 선다. 지금과 하나도 다를 거 없이 모든 게 똑같이 전개된다. 나의 인생도 태어나는 날부터 죽을 때까지 쳇바퀴가 구르듯 되풀이될 것이다.

모든 게 똑같이 억겁으로 반복된다면 내가 하는 말과 행동도 무한히 반복된다. 지금 이 순간이 영원한 셈이다. 그렇다면 우리는 어떻게 살아야 하는가? 죽은 다음에 천국에서 행복하게 살기를 기대하지 말고, 매번 똑같이 거듭되어도 기뻐할 수 있는 삶을 살라고 니체는 부르짖었다. 우리는 자신의 삶을 똑같이 또 살기를 기꺼이 원해야 하고, 영원히 반복되어도 좋은 삶을 살고자 온 힘을 쏟아야 한다.

한없이 반복되더라도 원한 없이 순간순간을 즐긴다면 이미 천국에 사는 것과 진배없다. 독특하면서도 신명 나게 사는 사람에게는 하루하루가 황홀하다. 그런데 그러한 자신의 삶이 영원히 반복된다니. 순간순간을 아름답게 보내는 사람은 이미 영원한 천국에 있다.

아득히 낯선 천상의 은총과 은혜를 꿈꾸면서 하염없이 기

다리지 말고, 지금 이 대지 위에서 다시 똑같이 살고 싶어

하며, 영원히 그렇게 살고 싶은 것처럼 그렇게 살아라.

내 인생이 똑같이 무한 반복된다면, 나는 이 삶을 기꺼이 원할 수 있을까?

내 삶 속에서 이미 '천국 같다'고 느낀 순간은 언제였을까?

나는 그대들에게 정신의 세 단계 변화에 대해 알려주고자 한다. 어떻게 정신이 낙타가 되고, 낙타는 사자가 되었다가, 사자는 마침내 아이가 되는가를.

아기는 잘 웃는다. 울다가도 금세 웃는다. 아기는 모든 것에 천연덕스러운 호기심을 보인다. 맑은 눈은 샘물처럼 반짝이고, 포동포동한 볼은 비단보다 부드럽다. 아기에게는 무궁무진한 가능성이 있다. 아기가 어떻게 될지는 그 누구도 모른다.

동서고금을 막론하고 인류의 현자들은 우리가 도달해야 할 경지로 아기를 꼽았다. 여기에 더해 니체는 아기로 나아가는 단계를 설정한다. 맨 처음에 우리는 낙타였다. 원하지 않지만 어쩔 수 없이 모래바람을 맞으며 짐을 날라야 했다. 불만을 삼키며 고분고분하던 시절을 지나 사자로 변신한다. 이 사자는 자신을 함부로 대하지 못하도록 사나운 맹수가 된다. 이렇게 자유를 쟁취한 후, 마침내 아기가 되어야 한다. 모든 것을 즐기는 아기가 정신의 최고봉이다.

우리가 비록 아기처럼 뽀얀 피부는 아닐지라도 아기처럼 순수할 수 있다. 아기는 세상을 식상하게 여기지 않는다. 마주치는 모든 것에 솔깃해하고 놀라워한다. 아기는 무엇이든 배울 준비가 되어있고, 작은 것 하나에도 흥미진진하게 몰두한다. 순간순간에 집중하는 아기는 언제나 신난다.

우리가 니체를 이렇게 공부한 까닭도 아기처럼 되기 위해서다. 우리는 모두 방실방실 웃는 아기였는데 어쩌다 어른이 되어서는 웃음을 잃어버렸다. 세상의 중력이 우리의 입꼬리를 끌어당겨 얼굴은 삭막해졌고 삶은 각박해졌다. 중력을 거슬러서 다시 싱그럽게 싱긋 웃어야 한다. 웃을수록 웃을 일이 많아진다.

아직 인생은 결판나지 않았다. 세상은 나를 어떤 사람이라고 단정하지만, 그건 우습기 짝이 없다. 난관에 부딪히더라도 한바탕 너털웃음을 터뜨리며 가뿐하게 나아가야 한다. 니체는 인생을 한편의 놀이로 여기라면서 한쪽 눈을 앙증맞게 찡긋하며 속삭인다. 자신을 넘어서는 웃음을 배워야 한다고.

웃음이 날개이다. 웃을수록 가벼워지고 밝아지며 우리의 수준은 높이 올라간다.

나는 그대들에게 정신의 세 단계 변화에 대해 알려주고자
한다. 어떻게 정신이 낙타가 되고, 낙타는 사자가 되었다
가, 사자는 마침내 아이가 되는가를.

요즘 나는 얼마나 자주 웃고 있을까?

나는 지금 사자처럼 싸우는가, 아기처럼 즐기는가?

Amor fati: Das soll von nun an meine Liebe sein!

Friedrich Nietzsche,『Die fröhliche Wissenschaft』

———

운명을 사랑하라, 오직 이것만이 나의 사랑이다.

프리드리히 니체,『즐거운 학문』

니체가 묻고 내가 답하는 100일 인생문답

삶이 흔들릴 때 니체를 쓴다

초판 1쇄 인쇄 2025년 12월 15일
초판 1쇄 발행 2026년 1월 5일

지은이 이인

대표 장선희 **총괄** 이영철
책임편집 안미성 **기획편집** 정시아, 오향림, 배인혜
표지·본문 디자인 어나더페이퍼
마케팅 장동철, 이은진, 서세원, 박현우
경영관리 전선애

펴낸곳 서사원 **출판등록** 제2023-000199호
주소 서울시 마포구 성암로 330 DMC첨단산업센터 713호
전화 02-898-8778 **팩스** 02-6008-1673 **이메일** cr@seosawon.com

홈페이지

인스타그램

ⓒ 이인, 2025

ISBN 979-11-6822-523-7 03100

• 이 책은 저작권법에 따라 보호를 받는 저작물이므로 무단 전재와 무단 복제를 금지합니다.
• 이 책 내용의 전부 또는 일부를 이용하려면 반드시 저작권자와 서사원 주식회사의 서면 동의를 받아야 합니다.
• 잘못된 책은 구입하신 서점에서 바꿔 드립니다. • 책값은 뒤표지에 있습니다.

서사원은 독자 여러분의 책에 관한 아이디어와 원고 투고를 설레는 마음으로 기다리고 있습니다.
책으로 엮기를 원하는 아이디어가 있는 분은 서사원 홈페이지의 '출간 문의'로
원고와 출간 기획서를 보내주세요. 고민을 멈추고 실행해보세요. 꿈이 이루어집니다.